公務員なら挑戦したい

資格ガイドブック

やりたいことから探す 50のスキル

庄田秀人 著
SHODA Hideto

学芸出版社

資格取得を通じた キャリア形成のススメ

 公務員の資格取得は無駄？

「公務員が資格を取っても無意味でしょ。」

実社会でもインターネットでも、たまにこんな声が聞かれます。果たして公務員が資格をとることは本当に無駄なことなのでしょうか？

確かに公務員が資格を取っても、昇給や昇格に直結することはありません。また、誰に感謝されることもないでしょう。しかしそれでも、公務員の資格取得は、結果的に自身のキャリアにプラスになることはもちろん、公的サービスの向上にも貢献する、というのが本書のメッセージです。

それでは資格取得がなぜ、公務員自身や、ひいては公的サービスを受ける人にとってもプラスになるのかを考えていきましょう。

 実力・実績・信用の好循環を生む

例えば、ここに経験年数が同じ2人がいるとします。どちらか1人に仕事を頼みたいとき、一方がその仕事にかかわる資格を持っている人、もう一方はそうした資格を持っていない人だとしたら、皆さんならどちらを選ぶでしょうか。きっと、資格を持っている人の方を信用し、仕事を任せるはずで

す。

　仕事を任されることで、新しい経験の機会が増えます。資格を持っているという頭一つ分の違いが、実力と実績、それによる信用を積み重ねる好循環を生み、キャリア向上につながるのです。

　また、業務に関係がある資格を取得することは、仕事の習得を早め、効率のよい正確な遂行につながります。ここで重要なのは、資格取得を目指して学習に取り組むだけでも、仕事への関心の持ち方が変わることです。学習と仕事の両方を通じて関連情報を調べることで、知識がより深く広くなっていきます。こうした循環は、よりよい公的サービスを提供することにも結びつきます。

減点主義の通常業務で「承認」を得る難しさ

　さらに、公務員が資格取得を通じて得られる最大の収穫は、"承認"と"自信"です。すなわち、自分が"認められている"ということと、それにより得られた充実感からくる"自信"なのです。

　利益を重視しない仕事に就いているという特性上、公務員にとって、通常の業務だけで"承認"の感覚を得るのはなかなか難しいものです。公務員の仕事は「できて当たり前」とみなされ、むしろできないと非難されることが少なくありません。

　例えば窓口業務でいえば、住民票の請求に対して戸籍謄本を発行してしまうようなことがあってはいけません。また税金関係の業務では、決まった時期に決まった納付書を送付しなければなりません。

民間企業のように新しい市場や顧客を見出し、利益を上げるという加点主義ではなく、どちらかというと減点主義の仕事が多いのが公務員の仕事なのです。そのため、いかにミスをしないかが重視されます。したがって、できずに怒られることはあっても、できて褒められたり認められたりする機会には乏しい仕事です。このような環境で"自信"は生まれないでしょう。

ノーリスク・ハイリターンの資格チャレンジ

そんな公務員にこそ、資格取得というチャレンジが向いています。

資格取得は、努力が報われたことによる自分自身への評価、知識・技能の水準を満たしたことに対する国や専門機関などからの認定、そして前述のように職場の上司や同僚からの評判という3つの"承認"を得られます。こうした承認が、仕事にとどまらずプライベートにおいても、代えがたい充実感を生み、困ったときや迷ったときに最後に頼れる自分自身への"自信"をもたらします。

資格取得はノーリスク・ハイリターンです。資格試験に落ちたとしても失うものはなく、一方で資格取得のために勉強をすることで得る知識は業務に役立ち、公的サービスの向上につながります。資格取得のためのチャレンジは、いつでも、どこでも、誰でも取り組むことが可能で、今からでも小さくない収穫を得ることができるのです。

この本は、何百時間もの学習の末にやっと取得できるような難関資格ばかりを推奨しているわけではありません。短期間の学習で取得しやすい資格を多く選んで紹介しています。

☑ 自治体職員が専門性を高めるメリット

　比較的容易な資格から挑戦していくうちに、やがてはより専門的な資格を取得しようという意欲も湧いてくるはずです。これもまた、組織にとって望ましいことです。

　例えば最近は、自治体でも要求される専門性の高い案件が多くなり、弁護士を期限付きで任用したり、人材育成計画を社会保険労務士（社労士）に外部委託したりといったことが多くなっています。確かに知識や経験のある外部の専門家に頼ることは、知見に乏しい自治体にとって有効ですが、一方で課題もあります。

　人材育成を例にとってみるなら、職員の異動頻度や担当部署の風土、仕事に対して求められる姿勢などは自治体によって千差万別です。したがって、その自治体の背景事情を押さえていない社労士が外部委託で請け負ったとしても、その自治体に適合する人材育成計画を作るのは簡単ではありません。自治体職員自身が社労士の資格を取得すれば、その自治体の背景事情を押さえつつ、一般的な法律の制度や知識を取り入れた実用的な人材育成計画を作成できるはずです。このように自治体の背景や文化を知っている職員が、専門的な知識を備えて政策や事例にあたることが最も望ましいのです。

☑ 経験により取得が有利になる資格、取得を後押しする自治体も

　本編で詳しく紹介するように、実は公務員にとって、その職務経験により取得が有利になる国家資格が多数存在します。

　例えば先の社労士のほかに、税理士や公認会計士などが、

資格取得の受験科目と関連する職務を一定期間担当することで、その科目を免除されます。また行政書士にいたっては、一定期間行政職員として経験することにより、試験を受験することなく資格を取得することもできます。

またそもそも、資格取得をはじめとする公務員の自己啓発が制度上も組織風土上も推奨されていることはご存知でしょうか。公務員1人ひとりの知識やスキルが向上することで、公的サービスの向上につながる、というまさにこれまで述べてきた考え方のもとで、公的な支援が行われているのです。

例えば、地方公務員が大学等での学修や資格取得などのために長期休暇を取得することは、地方公務員法における「自己啓発等休業」や「修学部分休業」といった措置などで認められることになっています。

さらに、費用面の助成も様々な形で認められています。例えば福利厚生協会等や職員互助会や職員組合も同様に、合格に対する受験手数料のほか、資格取得のための勉強会や講座にかかる受講料などの経費を福利厚生事業として支給しているケースがあります。

また、予算から自己啓発助成金として支給することを条例で定めている自治体も多くあります。公務員の資格取得が、住民の税金を用いて推奨されているのです。

ここまで読んだ方は、公務員にとって資格を取得することは“必須”なのはお分かりになったでしょう。この本ではパートごとに得られるスキルを整理しています。現在の部署や業務、これから身につけたいスキルから、自分にマッチするパートを探して、読んでみてください。きっとあなたに合う資格（スキル）があるはずです。

▼公務員の資格取得を後押しする主な制度の例

名称	自己啓発等休業	修学部分休業
対象	地方公務員	地方公務員
条件	・大学等課程の履修 ・国際貢献活動	大学その他の条例で定める 教育施設における修学
期間	3年を上限として、 条例で定める期間	1週間の勤務時間の一部
給与	支給しない	支給しない
その他	条例で定める必要あり	条例で定める必要あり

▼公務員の資格取得に対する主な助成の例

団体名	一般財団法人 石川県市町村職員等ライフプラン協会	一般財団法人 石川県市町村職員等ライフプラン協会	大口町職員互助会	秋田県職員連合労働組合	郡山市
名称・名目	自己啓発奨励費の助成	衛生管理者受験勉強会の受講料の助成	自己啓発助成	組合員スキルアップ助成事業	郡山市職員自己啓発費用助成要綱
対象内容	行政書士等の国家資格	衛生管理者等受験準備勉強会	通信教育等各種講座、教室等	資格取得講座	通学講座、通信講座
対象費用	受験手数料	勉強会の受講料及び教材費	受講料	経費	受講料の2分の1
助成額	1資格最大50,000円、5資格または累計100,000円まで	全額	1講座の受講料が3,000円以上の場合、1講座あたり 年3,000円の助成	一部	1の講座につき、通学30,000円、通信10,000円、年度内総額通学60,000円、通信20,000円

(各団体のHP参照)

CONTENTS | 目次

PART 3 | 法律とお金の知識をもっと深めたい！   62

ご案内

本書の読者限定特典に関するご案内、
書籍に関するご意見・ご感想の投稿につきましては、
学芸出版社のウェブサイトをご覧ください。

https://book.gakugei-pub.co.jp/gakugei-book/9784761513801/

＊本書の掲載内容は、取材時点における著者および取材協力者の見解に基づくものです。
　紹介している資格に関する詳しい情報につきましては、各所管団体の公式ウェブサイトなどでご確認ください。

ニュース時事能力検定 (ニュース検定) [2級]

まちを取り巻く出来事に敏感になる

資格種別	民間資格
認定団体	特定非営利活動法人日本ニュース時事能力検定協会など
受検資格	特になし
合格率	48％程度

こんな人におすすめ

企画担当

資格の概要とメリット

　ニュース時事能力検定（ニュース検定）とは、今の時代を生きるために欠かせない、ニュースを読み解き、活用する力（時事力）を養い、認定する検定です。時事力とは現代社会の出来事を公正に理解し、その課題をみんなで解決していく礎となる総合的な力です。大きく変動し、先行き不透明な時代に、時勢を読むために不可欠な力です。

　公務員も、課題を見つけたり、政策を策定したりするうえでは、世の中の動きをきちんと押さえておく必要があります。そのためにはニュースに敏感でなければなりません。住民や上司に説明する際にも、ニュースに対する感度を高めておく

ことで、説明に説得力が増し、信頼度も向上するでしょう。

 取得した人の声

取材協力：小松俊也さん
取得当時：20代／都道府県職員（主任）／勤続7年

その日のニュースが
業務に関わってくることも多い
"

取得しようと考えたきっかけ

昇任試験で時事問題が出題されるため、対策を兼ねて受検したのがきっかけです。また、時事の知識は仕事で必要なので、一度総合的に学んでおきたいと考えていたことも取得を後押ししました。

ニュース検定を取得することで、普段接するニュースや新聞の理解が深まるので、入庁後の早い段階での取得をおすすめします。

取得にかかった時間や試験対策の工夫

公式テキストや公式問題集を使い、気になった箇所はネット記事などで調べながら2週間程度勉強し、2級を受検しました。専門的な資格というよりは、時事に関する一般的な知識などが問われるので、普段からどれぐらいニュースに触れているかで対策に必要な時間は変わります。普段からニュースを見る習慣があった私の場合は、30時間程度の勉強で済みました。

取得後の変化

　総合的に時事問題を学べたことで、日頃見るニュースの理解度が変わりました。自治体の業務では、その日のニュースが業務に関わってくることが多いです。私の場合、海外の最新事情をまとめる際に活用できました。また、管理職の方を中心に、周りにはニュースに敏感な方が多かったので、職場で議論する際にもニュース検定で得た知識が役立ちました。

過去問にチャレンジ！

日本国内の環境問題への取り組みに関する次のA〜Dについて、正誤の正しい組み合わせを①〜④から一つ選びなさい。

A：国内で排出されるプラスチックごみの大半は、埋め立て処分されている。
B：コンビニエンスストアなどで配布される全てのレジ袋が有料化されている。
C：二酸化炭素の排出量を削減するために、「地球温暖化対策税」の導入が検討されている。
D：政府は、2030年までに温室効果ガスの国内排出量を「実質ゼロ」とする目標を掲げている。

①A−正　B−正　C−正　D−正　　②A−誤　B−正　C−誤　D−正
③A−正　B−誤　C−正　D−誤　　④A−誤　B−誤　C−誤　D−誤

［正解：④］
（2021年度2級試験過去問題より）

資格の詳細

https://www.newskentei.jp/

ビジネス文書検定 [2級]

公務員ならマスターしたい文書作成のいろは

資格種別	民間資格
認定団体	公益財団法人実務技能検定協会
受検資格	特になし
合格率	60%程度

こんな人におすすめ

すべての公務員

資格の概要とメリット

　ビジネス文書作成に必要な能力を客観的に評価する検定試験で、公益財団法人実務技能検定協会が実施しています。文書作成に必要な用字や用語だけでなく、わかりやすい文書を書くための基本を学ぶことができます。試験のためにアウトプットすることで、知識の定着につながります。

　事務職は毎日文書に触れる機会がありますので、身につけた正確な知識は、多くの場面で活かせます。例えば、「及び」「並びに」などの用語の使い方や敬語などを使うことは多く、その都度調べることなく正確に使用できれば、業務の時間短縮にもつながるでしょう。

取得した人の声

取材協力：栗林文人さん

取得当時：20代／市区町村職員（課員）／勤続5年

実務現場はもちろん
昇任試験の際にも役立つ

"

取得しようと考えたきっかけ

過去の文書を修正して使うことが多い業務を担当していました。今後の業務のことも考え、自分で一から文書を作成する際に効率よくできるようになりたいと思い受検しました。

採用後の早い段階での取得をお勧めします。文書作成が苦手な方が勉強するのにもお勧めです。

取得にかかった時間や試験対策の工夫

約2カ月で、合計25時間から30時間程度勉強しました。過去問を3回程度解きました。

取得後の変化

学生時代に本格的にビジネス文書を学ぶ機会は多くないので、検定試験を受けることでビジネス文書を基礎から学ぶことができました。文書作成に苦手意識がなくなり、効率的に遂行できるようになりました。

昇任するにつれて、実務担当として文書を作成する機会や後輩の文書を添削する機会も増えていることから、本検定の内容を学習しておいて良かったと実感しています。また、短い時間で長文を書かなければならなかった昇任試験の際にも文章力が役立ちました。

効率的に文書作成するためには実務を多くこなすなど経験が必要になります。しかし、検定試験を受けることで、ビジネスで必要な文書の知識を効率的に正確に学ぶことができます。検定試験の勉強は文書作成のスキルを身につける近道になりました。

 ## 過去問にチャレンジ！

1	ビジネス文書の語句として適切なものに書き改めなさい。 「特別のご配慮をもらい」
2	カタカナを漢字で書きなさい。 「ゴホウジョウのほど誠にありがたく、厚く御礼申し上げます。」
3	（　）内の意味に従って、□内に該当する語を書き入れなさい。 □□いたす所存でございます。 （一生懸命に励む）

[正解：1＝格別のご配慮を賜り／2＝芳情／3＝精励]
（過去問題の一部を抜粋／掲載にあたり一部の表現を変更）

 ## 資格の詳細

https://jitsumu-kentei.jp/BB/guidelines/contents

マイクロソフト オフィス スペシャリスト (MOS)

「オフィス製品の機能」を極めて仕事を効率化

資格種別	民間資格
認定団体	Microsoft
受験資格	特になし
合格率	非公開

 ## こんな人におすすめ

すべての公務員

 ## 資格の概要とメリット

　職場でよく使われる、マイクロソフト オフィス製品（Word、Excel®、PowerPoint® など）の使い方やワザについて学ぶことができます。

　公務員をはじめ、社会人となると文書作成や資料作成など、マイクロソフト オフィス製品を使う機会が多くなります。資格取得により、自己流では手が届かない方法を身につけることができ、業務の時短につながります。パソコンスキルのアピールにもつながるでしょう。

取得した人の声

新人時代に取得したい
のちの仕事に差がつくスキル

"

取得しようと考えたきっかけ

庶務担当部署に所属しており、マイクロソフト オフィスのソフトを多く使用していました。新聞などで、パソコンのショートカットキーの使い方などが掲載されていて、もう少しいろいろなスキルを学びたいと思ったのがきっかけです。

また、職場で資格取得の支援制度があり、取りやすそうな資格だったこともあります。所属して 2 年目に取得しましたが、新人時代に取得するのが一番のおすすめです。学生のときにパソコンを使う機会はあまりないと思いますが、仕事ではパソコンスキルは必須です。資格取得により、体系的な知識を習得することで、のちの仕事に差がつきます。

取得にかかった時間や試験対策の工夫

対策教材を購入し、独学で学習しました。1 カ月程度、30 時間程度の勉強時間で資格を取得できました。

取得後の変化

文書・資料等作成の時短につながりました。例えば、Excel® のドロップダウンリストなどをスムーズに活用することができた等、資料を作成するときに調べなくてもいろいろな機能を使うことができるようになりました。
本を読むなどのインプットではなく、問題を解くなどのアウトプットのほうが知識を習得できます。
資格取得の勉強中に学んだスキルを次の日の仕事に活かすことができるのがこの資格取得の勉強の面白いところです。

資格の詳細

https://mos.odyssey-com.co.jp/exam/index.html

※ Microsoft、Excel、PowerPoint は、米国 Microsoft Corporation の米国およびその他の国における登録商標または商標です。

マナー・プロトコール検定 [2級]

社会人必須の幅広いマナーと国際儀礼を学ぶ

資格種別	民間資格
認定団体	NPO法人日本マナー・プロトコール協会
受検資格	特になし
合格率	50％程度

 ## こんな人におすすめ

国際担当・秘書担当

 ## 資格の概要とメリット

　NPO法人日本マナー・プロトコール協会が毎年2回試験を実施する、社会人として必須のマナーやプロトコール（国際儀礼）に関わる知識と対応力を認定する資格です。国際ビジネス、サービス産業、教育業界などで多く活用されています。

　"プロトコール"という言葉は初めて耳にする方も多いのではないでしょうか。外交や国際会議などの場で用いられる世界基準のルールいわゆる"国際儀礼"のことです。例えば、大使の席順で、序列をつけないといけないときは、就任期間の長い人から上位とするというルールがあります。来客をも

てなす際には、相手に応じた適切なマナーを心掛けなければなりません。しかし、一口にマナーといっても、新人研修などで教わるビジネスマナーだけでなく、様々なものがあります。特に、海外からの来客を対応する際に必要なものが、このプロトコールなのです。

この「マナー・プロトコール検定」では、来客応対や電話応対といったビジネスマナーや服装のマナーなど社会人としての基本的なマナーから、来客との会議での席次など、要人対応で必要な知識まで幅広く学ぶことができます。宗教や文化の異なる国や地域の人々と交流する、国際担当部署にはうってつけの資格です。

また、試験範囲には冠婚葬祭など、日本の文化やしきたりも含まれるので、外国人に日本文化を説明する上でも必要な知識を身につけることができます。

 取得した人の声

取材協力：小松俊也さん
取得当時：20代／都道府県職員（主任）／勤続7年

実務現場での経験を踏まえて
マニュアルの作成も実現

""

取得しようと考えたきっかけ

海外との調整を担当する部署に配属されたことがきっかけです。海外に赴任していた経験はありましたが、プロトコールについて本格的に学ぶ機会はありませんでした。外国人対応にはプロトコールが重要だということを上司に教わり、この検定試験にたどり着きました。

悪気が無くても自分が気付かないところで海外からの来客に失礼なことをしているかもしれないと思い、この検定を通じてプロトコールの基礎を学ぶことで、業務に活用できると考えました。

公務員の業務で必要な知識は2級までで十分得られると思い、2級を受検しました。国際業務や秘書業務などで外国人や要人の対応に関わることになった際に、早い段階で取得しておくと良いです。

取得にかかった時間や試験対策の工夫

公式テキストを購入してから2週間程度勉強しました。公式の問題集も発行されているため、テキストと並行して問題集を解くことで知識を定着させました。また、公式ウェブサイトで模擬問題も掲載されているため、併せて活用しました。本番の試験問題は問題集や模擬問題で十分に対策できるものでした。合計30時間程度の勉強時間で取得できました。

取得後の変化

外国人が参加する会議で、国旗を並べたり配席を考えたりする際に、プロトコールの知識を活用しました。例えば、配席などについて聞かれた際に、自信を持って答えられるようになり、外国人対応に当たる同僚等から頼られることも増えました。

そして、この検定をきっかけに、プロトコールに関心を

持ったことで、その後も書籍などを通じて知識を深めました。その結果、自治体の現場で実践したプロトコルの経験なども踏まえた『これ一冊でよくわかる自治体の国際業務マニュアル』（イマジン出版）を上司と一緒に執筆できました。

 ## 問題にチャレンジ！

1.

国際会議に参加する以下の5カ国の国旗を並べて掲揚する場合、A〜Dに当てはまる国名をそれぞれ下の語群から選びなさい。※主催国を考慮する必要はない。

〈参加国〉
ア．アメリカ　イ．カナダ　ウ．中国　エ．ロシア　（日本）

2.

西洋のマナーについて、適切なものを2つ選びなさい。
(1) 目上の方と握手をする際は、両手で相手の手を握るのが丁寧である。
(2) 目が合ったら微笑むことで相手への敵意がないことを示す。
(3) 男女が階段を上る際は、レディ・ファーストを実践し男性が先に立って先導する。
(4) プレゼントを贈るときは、自分で包装し直しカードを添えるのが一般的である。
(5) 病気見舞いで鉢植えの花を贈るのはタブーである。

[正解：1＝Aイ、Bウ、Cエ、Dア／2＝(2) (4)]
（公式サイト模擬試験問題より）

 ## 資格の詳細

http://www.e-manner.info/kentei/

秘書検定 [2級]

調整業務や接遇の基本から表彰・式典まで

資格種別	民間資格
認定団体	公益財団法人実務技能検定協会
受検資格	特になし
合格率	60％程度

こんな人におすすめ

すべての公務員

資格の概要とメリット

　公益財団法人実務技能検定協会が実施する「人柄育成」を目指した資格です。秘書業務担当部署では必須の敬語やマナーの技術が学べ、「初対面の相手にどんな印象を与えるか」、「上司をどのようにサポートするか」など、人間関係や業務をスムーズに進めるための知識を得ることができます。役所内だけでなく、役所外での折衝のときにも、役立つことでしょう。

　今後、様々な業務が外部に委託されたり、自動化されたりと、変わっていきます。そんな時代に、あらゆる場面で「人柄力」、「調整力」が求められるため、社会人の入り口には最適な資格となります。

"優れた秘書"と"仕事ができる人"は同じ

取得しようと考えたきっかけ

公務員になる前の職業訓練校でのカリキュラムにあったので取得しました。

少し業務を経験していると、試験問題と現場は違うという違和感をもつかもしれません。しかし、基礎を知った上で実際に自分ならどうするかを考えることができます。上司と業務を進めたり、市民との現場対応が多かったりする係員のうちに取得しておくと効果は大きいでしょう。

取得にかかった時間や試験対策の工夫

対策本等を購入してから受検まで、他の資格と並行しながらのんびり進めていたので、私は半年程度でしたが、3カ月程度の勉強時間でも十分かと思います。まず対策本を一通り読み、過去問を繰り返し解きました。

取得後の変化

"優れた秘書"と"仕事ができる人"は同じだと感じました。どちらも、基本を押さえたうえで、臨機応変に対応することができるからです。

例えば、電話で担当者を指名されたときに、担当者が休

PART 1　基本的な執務スキルを身につけたい！

みだった場合があったとします。マナーの基本は「担当はお休みです。」と伝えることだけです。しかし、それで終わるのではなく、できる人は、要件に応じて、「差し支えなければ私が要件をお聞きし、対応いたします。」と一言伝えます。

公務員として現場を知るにつれ、時には臨機応変に頼まれた以上の仕事にも取り組む大切さを実感し、自分自身でも心がけるようになりました。

過去問にチャレンジ！

秘書Aの上司（営業部長）は、「ちょっと私用で銀行に行ってくる。そう遅くはならないと思う」と言って出かけている。そこへ経理部長から電話があり、「先月の売り上げについて、営業部長に確認したいことがある」と言われた。このような場合Aは、経理部長にどのように対応すればよいか。次の中から不適当と思われるものを一つ選びなさい。

1	「上司はちょっとと言って外出している。戻り次第連絡するので少し待ってもらえないか」と頼む。
2	「上司は外出しているが、売り上げなら課長が分かると思う。よければ課長に代わろうか」と言う。
3	「上司は出掛けているが、そう遅くはならないと言っていた。戻ってからでも間に合うか」と尋ねる。
4	「上司はちょっと私用で銀行に行くと言って外出している。戻ったら連絡するがそれでよいか」と言う。
5	「上司はそう遅くはならないと言って外出したが、出先の状況次第では時間がかかるかもしれない。どうするか」と尋ねる。

［正解：4］

（第96回　2級より）

資格の詳細

https://jitsumu-kentei.jp/HS/guidelines/contents

ご当地検定

まずは地元を知ることから。家族と一緒に挑戦するのもアリ

資格種別	一般的に民間資格
認定団体	主に商工会議所など
受検資格	検定により異なる
合格率	検定により異なる

こんな人におすすめ

すべての地方公務員

資格の概要とメリット

　地域の伝統や風習といった歴史文化などにまつわる知識を試すのが、いわゆる"ご当地検定"です。検定の名称や内容は、地域によって様々です。対策の過程で、その地域がどのように成り立ったのか、過去にどんな出来事があったのか、そしてどういうところに強みや魅力があるのかを学べます。

　自分が働くまちで実施されているご当地検定に挑戦すれば、地域の背景をふまえた政策に取り組めるようになるはずです。検定によっては家族などで一緒に受検できる団体受検制度を設けているところもあるので、チェックしてみましょう。

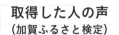

地域の強みを踏まえて 政策に取り組む意識が高まる ""

取得しようと考えたきっかけ

とある資格試験に合格したとき、息子に「ぼくもお父さんのように、何か資格を取得してみたい」と言われ、「じゃあ、一緒に何か受けてみるか」と応じたのが受検のきっかけでした。そんなときにちょうど「加賀ふるさと検定」の存在を知り、地域の歴史や特産物など地域に関する知識を本格的に学んだことがなかったこと、子どもも自分の暮らすまちをより学べること、そして親子で受検できることなど、私たちにはベストな検定であったため、受検を決意しました。

試験対策の工夫

試験問題は選択式で、一定割合で正解すれば合格となる試験が一般的です。私はすべての過去問を Excel® に蓄積し、時系列に並び替えて解いていく方法をとりました。時系列に並べた問題文を順に解くことは、教科書を読むことと問題集を解くことを同時に行っていることになります。つまり効率よく必要な知識を暗記できます。また Excel® 化のメリットとして、間違えた問題だけを抽出して勉強を繰り返すことができる点もあります。

取得後の変化

まず何より、視察や観光で来られた方に、地域の歴史や文化について詳しい説明をすることができるようになります。逆に、こちらから出張や観光に出掛けた際にも、自分の地域について詳しく説明できるようになりました。また、自分たちの地域の歴史を知ることで、地域の強みを踏まえて政策に取り組む意識も高まりました。私の地元では、戦国時代に「百姓の持ちたる国」として、約100年近く地元の農民が統治していた歴史があります。そうした住民自身の主体性がまちの誇りとなっており、住民に理解してもらうことの重要性を業務でも意識するようにしました。例えばドローンを用いた地図作成の業務では、丁寧で密な住民説明を行い、全国で初めて高精度の3Dマップを市内生活圏域の全域で作成できました。

過去問にチャレンジ！（加賀ふるさと検定）

（　）に入る言葉を次の①〜④から一つ選びなさい。

　　加賀市は北陸最大の（　　　　　　）の生産地で、現在、40戸近くの農家が栽培しており、北陸3県だけでなく、関西の市場にも出荷し、味や品質で高い評価を受けている。

①トマト　　②キュウリ　　③ナス　　④ブロッコリー

［正解：④］
（初級第4回より）

資格の詳細（加賀ふるさと検定）

https://kaga-kentei.com/?page_id=85

朗読検定 [3級]

「伝える」から「伝わる」話し方へ

資格種別	民間資格
認定団体	一般社団法人日本朗読検定協会
受検資格	特になし
合格率	47.9％（2022年11月30日現在）

こんな人におすすめ

窓口担当・障害担当・企画担当

資格の概要とメリット

　一般社団法人日本朗読検定協会が実施している、朗読の能力や本に関する知識を問う検定です。例えば3級では、「語りと台詞の部分を聞き手が区別できるよう読めること」「概ね明瞭な発音で読めること」「共通語アクセントを理解し、概ね正しいアクセントで読めること」「強調表現を使って読めること」が求められます。

　接遇のコツやプレゼン資料の作成方法については様々な書籍が発行されていますが、話し方については盲点になりやすいのではないでしょうか。朗読検定では、文章を読む実技テストがあります。その中で、どの部分を強調したり、スピー

ドを緩めたりするかなどの技術を求められます。この技術を取得すると、話し方は一気に変わります。

 ## 取得した人の声

取材協力：原田 翔さん
取得当時：20代／市区町村職員（主事）／勤続1年

話を理解してもらうために必要な 抑揚のつけ方が身につく ""

取得しようと考えたきっかけ

当時、窓口部署に配属されて市民と話す機会が多かったので、話す技術を身につけておこうと思いました。もともと声を出すことは好きで、学生時代は演劇部や放送部に所属していました。将来的に音訳のボランティアをやりたいと考えていたこともあり、朗読検定を受検しようと決意しました。4級より少し難しく、ほどよい難易度の3級を受検しました。

取得にかかった時間や試験対策の工夫

3級は難易度が低めで、中学生以上から受けられるうえに、自宅での受検となります。検定合格のための勉強量はほぼ不要と言ってもよいでしょう。

取得後の変化

実技試験では、アクセントや滑舌などが評価されます。その評価をもとに自分の弱点を把握し、克服しました。

高齢者の方で、抑揚をつけてゆっくり話をしないと内容を即座に理解できない人がいました。その方に対して、資格取得により身につけた抑揚をつけた話し方で対応していたときに、周りの職員から「話すのが上手いよね」と言われました。

 ## 過去問にチャレンジ！

●問い
　下記の文章の下線部分を強調して読み、録音しなさい。（止め録り・編集不可）

●留意点
　・「プロミネンス課題」と言って1秒ほど置いてから、各文を読みなさい（下線部分が強調されるように読みなさい）。
　・「1」「2」など番号を最初に読むこと。
　・採点項目は、【強調】【滑舌・誤読】【アクセント】の3項目とする。

1	「外出時は、<u>屋外でも、</u>マスクが当たり前になった。」
2	「外出時は、<u>屋外でも、</u>マスクが当たり前になった。」
3	「<u>2032年には、</u>新型コロナウィルス感染は沈静化するだろう。」
4	「山路を登りながら、<u>こう考えた。</u>」 ※夏目漱石「草枕」より抜粋
5	「私は、その男の写真を<u>三葉、</u>見たことがある。」 ※太宰治「人間失格」より抜粋

（2022年春季3級実技試験「プロミネンス課題」より。掲載にあたり一部表記変更）

 ## 資格の詳細

https://www.roudokukentei.jp/lp/1807/form.php

ほめ達！検定 [3級]

まち・ひと・しごとの価値を発見する達人になる

資格種別	民間資格
認定団体	一般社団法人日本ほめる達人協会
受検資格	特になし
合格率	これまでに落ちた方はいない

こんな人におすすめ

すべての公務員

資格の概要とメリット

　一般社団法人日本ほめる達人協会が実施する検定試験で、区分は1級から3級に分かれています。受検にあたっては「事前の学習は不要」（協会公式見解）とされており、約1時間半のセミナー受講後に記述式の問題が5問出題されます。一般的な検定試験とは形式が異なり、問題を回答する毎に講師からその問題に対する解説・フィードバックがあります。回答にあたって、記述だけでなく、ワーク形式も含まれていることが特徴です。「回答し、解説を受ける」というやりとりが5回繰り返された後に、その場で検定の合否が発表されます。

協会では「ほめる」という言葉を「人、モノ、起きる出来事に価値を発見して伝える」と新しく定義し、「ほめる達人＝価値発見の達人」であると説いています。さまざまなステークホルダーと関わる公務員にとっても、その力は大いに役立つでしょう。

 取得した人の声

取材協力：岡元譲史さん
取得当時：20代／市区町村職員（一般職員）／勤続6年

"プラス面"を伝えることを 心がけるようになった "

取得しようと考えたきっかけ

　滞納整理の仕事で心が折れそうになった時期に、自己啓発本を読んでモチベーションを保っていました。そんなとき、一般社団法人日本ほめる達人協会の理事長である西村貴好さんの著書『ほめる生き方』を読んだことがきっかけです。「ほめる」の新定義に感銘を受け、すぐに検定に申し込みました。

　例えば、「失敗」についてほめる（価値を発見する）ならば「この失敗は今、見つかってよかったのかもしれない。もし見つからなかったらより大きな失敗となっていたかもしれない。」といった捉え方ができます。

　最近では3級合格者が増えていることから、「尊敬する先輩が取得しているから」といったきっかけで受検される方も多いようです。

取得にかかった時間や試験対策の工夫

「事前学習は不要」とのことだったので、試験対策はしませんでした。よって、取得にかかった時間は受検時間の約3時間のみです。

取得後の変化

取得後、まずは家に帰って家族をほめたくなります(笑)。日常の中で意識して「ほめる」ことを続ける中で、仕事もプライベートも、より前向きになりました。たとえうまくいかない時でもこの考え方が支えになり、「このピンチを乗り越えることで、自分はより成長できる。」といった前向きな捉え方を身につけ、精神的にどん底までは落ち切らなくなりました。

また、「滞納整理・徴収」の業務でも大いに活かすことができました。例えば、滞納者と交渉する場合「税金を納めなければいけないということは、それだけ稼いだということなのでそれはすごいことです。これだけ稼げる力があるなら滞納をきれいにして、好きなだけ稼いでください。」などとプラス面を伝えることで、納めてくれる人が増えました。

また、不動産公売など滞納者からの反発が大きいような厳しい処分にも挑戦しました。自分の中で、「滞納者にとっても滞納を整理することで、前を向いて新しい気持ちで次の一歩を踏み出すことができるんだ」というプラスの面をとらえることで、躊躇なく自信を持って、処分に踏み切ることができました。

その結果、市税滞納整理額の大幅な圧縮に貢献することができました。その後、全国で研修講師を務めたり、「地方公務員アワード2018」を受賞したり、書籍を出版したりという出来事が続きました。ほめ達！検定3級取得がそのきっかけであったと感じています。

取得後のデメリットとしては、相手に対してすごいと思ったことを伝えたときに「ほめ達検定を取得しているだけあるね。上手だね。」と返されてしまうところです（笑）。

 ## 過去問にチャレンジ！

以下の一般的な短所を長所に言い換えてください。

1 | 気が弱い

2 | 空気を読めない

3 | ケチである

解答例： 1＝心優しい、人の気持ちを慮れる
2＝軸がブレない、流されない
3＝堅実、お金の価値を知っている

（2021年度3級より）

 ## 資格の詳細

https://www.hometatsu.jp/schedule/online.html

色彩検定 [UC級・3級・2級]

見る人の感情に訴えかける色使いを知る

資格種別	公的資格		
認定団体	公益社団法人色彩検定協会		
受検資格	特になし		
合格率	UC級 87％程度	3級 76％程度	2級 77％程度

こんな人におすすめ

情報発信担当

資格の概要とメリット

　公益社団法人色彩検定協会が実施する検定試験で、色の基礎から、配色技法（色の組み合わせ方）、専門分野における利用など、感性や経験によらない、理論の土台を身に付けることができます。

　区分はUC（色のユニバーサルデザイン）級と3級から1級に分かれており、公式テキストの内容と応用力を問われます。加えて1級では実技試験も課せられます。試験は年2回（1級は年1回）試験が行われます。

　"情報の9割は視覚から"と言われています。「色」は身の

回りのあらゆるところに存在し、多くの人は色を見て影響を受けています。自治体の大事な役割には「地域住民に正しい情報を分かりやすく伝えること」があります。その際に「色彩」の持つ効果を活かさない手はありません。色に関する知識を基礎から理解し、その役割を知ることで、多くの人に効果的な情報発信ができます。

取得した人の声

取材協力：金澤剛史さん
取得当時：40代／市町村職員（係長）／勤続15年

手探りで自作していた広報物の 　　"" 制作が効率良くなった

取得しようと考えたきっかけ

収納課に異動後に取得しました。異動前のシティプロモーションを担当していた時にイベントチラシを作成する機会が多かったのですが、その時に配色に悩んだことがきっかけです。

当市ではチラシなどの発行物はすべて自前のため、デザイン関係の知識が無いと手探りで作成する必要があります。特に配色についてはさんざん悩まされました。色に関する知識を取得すれば、デザインがもう少し楽になり、多くの人に伝わる情報発信ができるのではと考えました。

最終的には1級色彩コーディネーターを取得したのですが、勉強する過程でユニバーサルデザインに関心を抱き、これからの公務員はユニバーサルデザインの知識が必須と考え、UC（色のユニバーサルデザイン）級の取得も

しました。

情報発信に携わるすべての人に有効な知識ですが、特に広報や観光部門の担当者だと知識をすぐに実践できるため、効果は大きいです。

取得にかかった時間や試験対策の工夫

当初は3級から取得を考えていたのですが、2級の方が実践的な知識が身につくことを知り、試験まで時間があったことと併願が可能だったことから、2級と3級を併願しました。

対策本を購入してから1日1時間程度で受検まで2カ月程度でしたが、2級の勉強を重点的に行いました。まず対策本を一通り読み、続いて過去問をひたすら解きました。過去問があらかた解ければ、試験自体も問題ないと思われます。また、難易度的にはUC（色のユニバーサルデザイン）級が最も簡易であり、2級と並行した勉強も可能です。あらゆる人への分かりやすい情報発信という観点からすると、UC級の知識こそ身につけておくべきものですので、2級とUC級の併願をお勧めします。

取得後の変化

取得後に市政情報課へ異動となり、広報紙の発行等を担当することになりました。広報紙のデザイン以外にも、他課のチラシ等発行物や動画作成など、色彩の知識が大いに役立っています。その後に市民から見やすくなった

という声もあり、非常に励みになりました。

企画書作成時などでの資料作りの際、好みで色を選んでしまうことがあるのではないでしょうか。色を使う際はルールがあるので、色について悩むことがなくなります。その点で効率良く仕事ができるようになりました。

オンラインでの現役公務員のコミュニティで自分と同じく配色に悩む公務員に、色彩検定で得た知識を共有しています。参加者は広報担当以外にも様々な部署の方がいて、あらゆる部署で分かりやすい情報発信が必要とされているということを体感しています。

過去問にチャレンジ！

高齢者が作業をする際の注意点として、最も適切なものを①〜④からひとつ選びなさい。

①	高いコントラストが必要なので、できるだけ明るい光を用いるのがよい。
②	高い視力を得るために、できるだけ明るい光を用いる必要がある。
③	目に優しいのでコントラストを低くする方がよい。
④	高いコントラストは必要であるが、明るすぎる光を使うことは避けなければならない。

［正解：④］

（2022 年度夏期検定 UC 級 問題（8）-B より）

資格の詳細

https://www.aft.or.jp/

マーケティング検定 [3級]

公共分野にもますます必要とされる知識

資格種別	民間資格
認定団体	公益社団法人日本マーケティング協会
受検資格	特になし
合格率	約60％

こんな人におすすめ

地域振興担当・観光担当・シティプロモーション担当

資格の概要とメリット

　公益社団法人日本マーケティング協会が実施する検定試験です。3級では初歩的なマーケティング知識を問われます。

　一般的にマーケティングというと、民間企業が自社製品をいかに売れるようにするかを考えるものであり、公共分野には縁が薄いものであるかのように思われるかもしれません。しかし、公共分野でも、地域の税収を上げたり、地域への経済波及効果を上げたりするための観光施策を立案する上では、マーケティングの視点を持つことは非常に有用です。

取材協力：加藤諒一さん
取得当時：20代／都道府県職員（主事）／勤続6年

自分の地域を他の地域と 　　　"" 差別化する考え方が身につく

取得しようと考えたきっかけ

愛知県庁の観光部局在籍時に、デジタルを活用した旅行者との接点構築や効果測定ができていないという課題がありました。そこで、観光デジタルマーケティングの新規事業を立案したいと考えました。そのためにはマーケティングに関する体系的な知識が必要だと考え、自学の手段を探していたところ、マーケティング検定を見つけました。他にもマーケティングに関する検定はいくつかありますが、より戦略的なプロモーションに向いているのが、こちらの検定です。

まずは基礎的な内容を学習した後、観光デジタルマーケティングの施策立案につなげました。

地域振興、観光、シティプロモーション系の部署に興味がある方、将来的に異動したいと考えている方は、異動前に取得しておくと非常に役立ちます。

市場において自社製品を他社製品とどう差別化するか、どう売れるようにするかというのがマーケティングの基本的な考え方であり、自社製品を自地域、他社製品を他地域と読み替えると、公共分野においてもマーケティングの考え方が応用できます。

取得にかかった時間や試験対策の工夫

公益社団法人日本マーケティング協会が出版している書籍を活用して1〜2カ月程度勉強しました。私の場合、マーケティングに関する総論的な知識をマーケティング検定で吸収しながら、デジタルマーケティング施策の立案に必要なウェブ広告のような各論的な知識は書籍やウェブにて勉強していました。マーケティング検定のみに絞るのであれば1カ月程度の勉強期間があれば十分取得できると思います。勉強時間は、平日は1時間、休日は3時間、合計50時間程度でした。

取得後の変化

観光部署において、マーケティング検定で得た総論的な知識と、それ以外の書籍や情報収集によって得た各論的な知識を組み合わせ、当時、愛知県で初となるデジタルマーケティング事業を立案・実行しました。

在籍当時、職場にはマーケティングの知識を有している職員がいなかったことから、デジタルマーケティング事業のみならず、観光情報発信サイトによる情報発信や観光施策全般の企画管理にあたっても他の職員から知見を求められることが増えました。

また、マーケティング検定で得た知識を根拠に委託業者と協議することができ、業者主導にならずに仕事ができました。仕様書を作成する際にも、知識を活かすことで、課題が明確に示され、論点が整理された仕様書を作成することができました。

検定の勉強中も、自分の仕事にあてはめて考えることができました。例えば、観光を考えるときに、愛知県に来てもらうためには、愛知県を知ってもらうことが必要な段階なのか、それとも、来てもらうように誘導することが必要な段階なのかなど、イメージできました。

また、直接的にマーケティング検定とは関係ありませんが、もともと私がデータマネジメントやマーケティングに興味があり、検定取得前にも観光ビッグデータを活用したEBPMによる行政改革提案を行った結果、知事表彰を受けました。愛知県では世間でDXという言葉が流行り始める前から観光DXを進められてきたのではないかという自負があります。マーケティング検定は私がそうした取組を深化させる上での有用なツールとなってくれました。

問題にチャレンジ！

マーケティング・ミックス（4P）のうち、誤っているものを次のア～エの中から選びなさい。

ア	製品戦略：Product
イ	価格戦略：Price
ウ	差別化戦略：Positioning
エ	広告・販売促進戦略：Promotion

［正解：ウ］
（公益社団法人日本マーケティング協会提供サンプル問題より）

 資格の詳細

https://www.jma2-jp.org/marken

プレゼンテーション検定 [3級]

仕事を円滑に進めるコミュニケーションスキル

資格種別	民間資格
認定団体	一般社団法人プレゼンテーション検定協会
受検資格	特になし
合格率	79.6％

こんな人におすすめ

企画担当・学校教員

資格の概要とメリット

　一般社団法人プレゼンテーション検定協会が実施する、通称"プレ検®"です。準3級～1級まで6段階あります。

　仕事を円滑に進めるためには「伝える力」は必須のスキルです。受検への取り組みを活用して、効果的にプレゼンを学び、「伝える力」を身につけることができます。日常のコミュニケーションから、説明や提案機会、会議等での発言、昇進・昇格試験まで幅広く活用できる資格です。

取得した人の声

取材協力：菅田清さん
取得当時：40代／公立小学校教員（教諭）／勤続20年

> ## 聴き手の関心や興味を
> ## 引き出す伝え方ができるように

取得しようと考えたきっかけ

子どもたちにプレゼンテーションを教える授業で、反対に「私は毎日、何も考えずに6回の『授業』というプレゼンテーションを行っているのではないか」と、ふと考えたことが、自分の中での強いきっかけでした。

私自身は公立学校の教員なので、子どもの前で毎日ずっと「伝える」という行動をしています。「組織の存続をかけた商品の売り込みや人事異動時の面接など、一般企業で行われているプレゼンテーションはどんなものなのだろうか」、さらに「それを授業に活かせないだろうか」と考えて受検しました。

取得にかかった時間や試験対策の工夫

テキストを購入し、約1カ月程度、毎日1時間程度の学習で3級を受検しました。テキストを熟読し、ノートにキーワードをチャートにしたり、架空のプレゼンのシナリオを書いたりしました。まとめるときには、プレ検公式ブログはとても参考になりました。

それまで、研修会において他の教員の前で授業をする時に緊張しがちでした。しかし、プレゼンにおける技術や気持ちの持ち方を学んだことで、自信がつき、聴き手の視線が自分に集まることを反対に心地よく感じるようになりました。そして私の話を聴くことによって、聴き手にメリットを感じてもらうことを意識するようになりました。また、「子どもたちが立ち上げたいクラブをプレゼンし、票が多く集まったクラブを作ることができる」という取り組みを職員会議で提案しました。検定で身につけた「結論、理由３つ、結論」という流れで端的に提案することを心掛けました。結果、これまで提案した５つの学校すべてで採用されています。同時にこのプレゼンの方法を、ことあるごとに、子どもたちにも教えています。

「聴き手がどうなるかは全て話し手の責任である。」ことを学習してから、聴き手の立場になり話をしています。

過去問にチャレンジ！

プレゼンテーションの広義の目的は、[　　]を語ることである。

| 1 | 話し手の言いたいこと | 3 | 話し手の聴きたいこと |
| 2 | 聴き手の言いたいこと | 4 | 聴き手の聴きたいこと |

［正解：4］

（第142回3級試験問題より）

資格の詳細

https://preken.jp/

ホワイトボード・ミーティング® 認定講師[ベーシック]

ひとやまちが元気になるファシリテーション技術

資格種別	民間資格
認定団体	株式会社ひとまち
区分	ベーシック（3級）
受検資格	ベーシックセミナー修了者
合格率	72%程度

 こんな人におすすめ

すべての公務員

 資格の概要とメリット

　ホワイトボード・ミーティング®認定講師は、株式会社ひとまちが実施する、ホワイトボードを活用して進める会議を教えるための資格です。ベーシック、アドバンス、マスターの3種類があり、教えることができる会議フレームが区分されています。現在はオンライン方式での受検も可能です。認定講師は検定試験に合格した上で、認定講師養成講座（2日間）および2daysセミナーを受講する必要があります。

　ホワイトボード・ミーティング®は、主に2点のメリットがあります。1つは、参加者の意見を「見える化」することで、

何を話し合っているのかが明確になり、効率的に会議を進めることができます。もう1つは、役職にこだわらず、誰もが、自由に、素直な意見や素朴な質問を言える雰囲気、つまり「心理的安全性」をつくることができます。これにより、いくつもの業務改善や課題解決策が生まれます。

　まちづくりワークショップや多職種の連携を進める会議などの場面はもちろんのこと、課内ミーティングや面談にも役立つスキルなので、管理職にもおすすめです。場数を踏めば踏むほど誰でも使いこなせるようになる手法で、認定講師になれば周囲にその輪を広げられる点も魅力です。

 取得した人の声　取材協力：村川美詠さん
取得当時：50代／市区町村職員（課長）／勤続30年

会議の進行への苦手意識を克服し　"
役割分担の見える化を実行

取得しようと考えたきっかけ

　苦手としていた「会議の進行」を克服したいなと思っていたときに、ある方からこの資格のことを聞きました。そして、体験セミナーを受講した際、「この方法なら、うまく参加者の意見を引き出せそうな気がする」と感じ資格取得を決意しました。
市民協働や社会教育、学校教育、福祉など、市民との対話が多い部署で取得すると効果が大きいです。

取得にかかった時間や試験対策の工夫

ベーシックセミナーを受講し、検定試験を受けると決めてからは、約１カ月程度、仲間に練習相手をつとめてもらいながら、実技の練習をしました。机に向かって集中して取り組むということはなかったです。筆記はわかりやすいテキストがあるので、それを覚えるだけです。実践の助けとなる知識や考え方が身につきます。

取得にかかった時間や試験対策の工夫

障害福祉課長として、課のミーティングでホワイトボード・ミーティング®を活用し、ザッソウ（雑談と相談）の機会をつくりました。人によって時間外勤務の偏りがあったため、この手法により各自の業務をあぶり出し、削減できる仕事やチームでフォローできる仕事などの役割を見える化しました。その結果、時間外勤務は、全体で50％減となりました。

また、障がいのある方の理解を深めるイベント「ふれあいと交流のつどい」では関係団体とホワイトボード・ミーティング®による対話を重ね改善をした結果、参加者が1,000人から5,000人に増え、誰もが楽しめるイベントとなりました。

問題にチャレンジ！

以下の（①〜④）に当てはまる言葉を書きなさい。

1

ホワイトボード・ミーティング ® の進行役は（ ① ）、（ ② ）、（ ③ ）な立場でどんな意見も受け止めて書き、会議の中にお互いを（ ④ ）関係を育みます。

ホワイトボード・ミーティング ® の進行役と参加者の心得について、正しいものに〇、間違っているものに×をつけなさい。

2

①進行役は聞き役です。まずは自分の意見は言わず、一人ひとりの意見をホワイトボードに書きためます。

②最初の発散は、どんなつぶやきも拾って書きます。参加者がうまく意見を言えない時は、進行役が言葉を適切に要約して書きます。

③参加者は会議の際、丁寧にメモをとりながら相手の意見を聞くことを大切にします。

[正解：1 ＝① 中立、② 公平、③ 対等、④ 承認しあう／2 ＝① 〇、② ×、③ ×]
（『ホワイトボード・ミーティング ® 検定試験公式テキスト』より抜粋）

 資格の詳細

| https://wbmf.info/ | |

PR プランナー [1次・2次・3次]

"攻めの広報"と"守りの広報"を両立する

資格種別	民間資格		
認定団体	公益社団法人日本パブリックリレーションズ協会		
区分	1次 （PR プランナー補）	2次 （准 PR プランナー）	3次 （PR プランナー）
受検資格	特になし	1次試験合格者	1次・2次試験合格、かつ3年以上の広報・PR 関連実務経験者
合格率	75％程度	70％程度	30％程度

 ## こんな人におすすめ

情報発信担当

 ## 資格の概要とメリット

　広報・PR に携わる人の意識・知識・技能の向上をはかるべく、公益社団法人日本パブリックリレーションズ協会（以下、PRSJ）によって実施されているのが、「PR プランナー資格認定制度」に基づく検定試験です。区分は3次（PR プランナー補）、2次（准 PR プランナー）、1次（PR プランナー）に分かれており、公式テキストの内容と応用力を問われます。

試験は年2回、CBT方式により行われ、受検しやすくなっています。

取得者は企業の広報担当者やPR会社勤務者がほとんどですが、公務員の広報担当者にも「攻めの広報」と「守りの広報」、両方の能力が求められはじめています。「攻めの広報」とは、情報発信を中心とした広報のことです。広報・PR計画の立案をし、必要な媒体を組み合わせ、報道発表時期を決め、逆算して事業を組み立てていくなど、事業部署と広報部署が連携していくことが必要です。「守りの広報」とは、不祥事などが発生したときの広報のことです。緊急対応が必要になりますので、事前に前提知識をつけておくことで適格な対応がとれるようになります。

この検定試験は、広報・PR実務に必要な基本能力が判定できるシステムになっており、実務に十分活用できるものになっていますが、日々刻々と変わる環境に対応するため、資格取得後も研究心と向上心を持って実務に取り組むことが必要です。

 取得した人の声

取材協力：石井督洋さん
取得当時：30代／都道府県職員（副主査）／勤続14年

庁内での認知向上だけでなく 庁外での活動の場を広げる契機に

取得しようと考えたきっかけ

2007年に第1回の試験が行われることを広報系の専門誌で知り、腕試しに挑戦してみようと思いました。2次

（准 PR プランナー）は実務経験を必要としないので、広報部署の経験がない場合は、まずは 2 次（准 PR プランナー）を目指してもよいかもしれません。

取得にかかった時間や試験対策の工夫

第 1 回試験の受検時は、例題はあったものの、過去問などもなく、難易度もまだ定まっていませんでした。参考図書の『広報・パブリックリレーションズ入門』を読み込んで 1 次（PR プランナー補）は合格。1 日 1 時間程度で 1 カ月程度勉強しました。

2 次（准 PR プランナー）は科目ごとに数々の参考図書があり、かなり読み込みました。3 次（PR プランナー）は、企業の広報担当者や PR 会社の社員が受検する想定での出題が多くなっており、行政職員が受検する際は対策が必要です。参考問題を解くとともに、実際の企業や PR 会社が発行したプレスリリースをウェブサイトで探し、分析してみるといったことも行いました。

取得後の変化

資格取得により、庁内での認知が高まり、広報に関わる様々な活動につながりました。現所属でも Twitter や YouTube の導入に道筋をつけ、運用指南をしています。取得後には広報部署に 2 度戻ったほか、広報・PR のスキルが求められる部署への配属が多くなりました。広報部署以外にいるときにもスキルを頼りにされ、広報関係

の文書を添削したときには、「読みやすくなった」「親近感が湧いた」など認められました。

また、庁外で講師をすることも多くなり、地元の NPO 活動に参加し、広報等のアドバイスを行っています。PRSJ が開催する資格取得者向けの交流会にも参加し、広報の現場体験を共有しました。また、PRSJ 主催の各種セミナー・イベントへの参加の機会で得た出会いから日本広報学会へのお誘いをいただき、今も会員になっています。

過去問にチャレンジ！

緊急記者会見に関する次の記述のうち、最も不適切なものを選びなさい。

a 緊急記者会見は緊急時にマスコミの記者を対象に開くが、記者個人を相手にしたやりとりの場ではなく、ステークホルダー、社会全体を対象に企業のメッセージを伝えるためのものである。

b 緊急記者会見実施の目的は、被害の拡大を防止するために、メディアを通じて迅速な情報公開をすることにある。

c ステークホルダーの中でも会社を守ってくれる最も重要な存在が社員であるのは言うまでもない。緊急記者会見を実施する場合は、事前に全社員にきちんと情報を流しておくことは不可欠であり、少なくとも会見 2 時間前までには会見の実施と公開する情報内容を伝えておく。

d 緊急記者会見の 5 原則の 1 つに原因究明についての説明がある。現状を説明した上で、その段階で把握している限りの原因については会見で明らかにするべきである。

[正解：c]

(2 次試験　科目 C「メディアリレーションズ」より)

資格の詳細

https://pr-shikaku.prsj.or.jp/exam

国内旅行業務取扱管理者

ニーズにマッチしたツアーを提案できる

資格種別	国家資格
認定団体	一般社団法人全国旅行業協会
受験資格	特になし
合格率	35％程度

こんな人におすすめ

観光担当

資格の概要とメリット

　旅行契約に関する事務や旅行の企画、旅程管理業務に関する事項等の管理・監督を扱う資格です。国内の旅行業務のみ取り扱うことができます。旅行業者が提案した観光ツアーに対して、自治体側として、求めるニーズに合致しているかを精査できます。

　旅行業者が企画する自治体のツアーは、旅行業者の観点で企画されています。自治体職員は、その企画に対して、いかに自治体としてアピールしたい部分を盛り込むかが大切になります。

　しかし、自治体側だけの観点からの企画に変更した場合、

費用の面で折り合いがつきません。この資格の知識は、自治体側と旅行業者の両方の観点を備えた、Win-Win のツアー内容に調整するうえで役立つでしょう。これにより、第2弾、第3弾という継続した良いツアーにできるようになります。

 ## 取得した人の声

取材協力：野﨑優さん
取得当時：40代／市区町村職員（専門員）／勤続 27 年

業者の提案をそのまま受け入れるだけ " から脱する

取得しようと考えたきっかけ

旅行が好きで、観光部局での仕事に興味がありました。この資格を取得することで、観光部局で仕事ができるかもしれないということで取得しようと思いました。
この資格を取得したことで、教育委員会に所属しながらも観光に関する仕事ができています。

取得にかかった時間や試験対策の工夫

参考書と問題集を繰り返すことで、4か月くらいで合格できると思います。YouTube でも色々な講座が視聴できるので、活用してもいいかもしれません。また、有料のオンラインの講座を活用することで、より分かりやすく勉強することができます。
試験が9月末なので、異動後に落ち着きはじめるゴールデンウィークくらいから取りかかっていいと思います。

PART 2

まちについて伝える力を高めたい！

取得後の変化

日本遺産チームの一員として活動することができ、仕事の幅も広がりました。通常、日本遺産チームは、全国の自治体の観光部署で組織されます。しかし、私は、観光部署に所属していませんが、この資格を持っていることで、チームの一員として携わることとなりました。

ここでの活動に関連する旅行ツアーの企画に、資格の知識を活かして、助言することができました。例えば、ツアー行程の中で、ガイドさんのピックアップの場所の変更や、費用面からこの原価をもっと安くできないか、といったことです。

また、本務である教育委員会としてアート推進の観点をツアーに盛り込むことができました。その他にも、市の業務での観光ツアーを行いました。8本作ったのですが、コロナ禍にもかかわらず、定員オーバーのツアーもありました。

この資格がなければ、旅行業者の提案をそのまま受け入れるだけになっていたと思います。資格の知識を活かして、どうすれば売れる商品になるかということを考えることができました。

過去問にチャレンジ！

1. 報酬を得て、次の行為を事業として行う場合、旅行業の登録を要しないものはどれか。

ア	イベント事業者が、イベントの入場券と他人が経営する貸切バスによる空港と会場間の送迎サービスをセットにした商品を旅行者に販売する行為
イ	企画旅行契約又は手配旅行契約に付随して、旅行者の案内、旅券の受給のための行政庁等に対する手続の代行その他の旅行者の便宜となるサービスを提供する行為
ウ	航空運送事業者を代理して、旅行者に対し、航空券の発券業務のみを行う行為
エ	観光案内所が、旅行者から依頼を受けて他人の経営する宿泊施設を手配する行為

2. 法第13条禁止行為に関する次の記述から、正しいもののみをすべて選んでいるものはどれか。

a	旅行業者等の従業者は、旅行者に対し、旅行地において特定のサービスの提供を受けることを強要する行為をしてはならない。
b	旅行業者等は、運送サービス（専ら企画旅行の実施のために提供されるものに限る。）を提供する者に対し、輸送の安全の確保を不当に阻害する行為をしてはならない。
c	旅行業者等は、書面による旅行者の承諾があった場合に限り、営業所に掲示した旅行業務の取扱いの料金を超えて料金を収受することができる。
d	旅行業者等は、旅行業務に関し取引をする者に対し、その取引に関する重要な事項について、故意に事実を告げず、又は不実のことを告げる行為をしてはならない。

ア　a、c　　イ　a、b、d　　ウ　b、c、d　　エ　a、b、c、d

[正解：1＝ウ／2＝ウ]

（一般社団法人全国旅行業協会ホームページ「平成30年度問題・解答・合格基準」より）

 ## 資格の詳細

https://www.anta.or.jp/exam/shiken/annai.html

法学検定 [スタンダード]

"知っている"から"使える"へ。学んだ法律知識のおさらいに

資格種別	民間資格
認定団体	公益財団法人日弁連法務研究財団 公益社団法人商事法務研究会
受検資格	特になし
合格率	約 55％

こんな人におすすめ

すべての公務員

資格の概要とメリット

　法学全般に関する学力を客観的に評価することを目的にした検定試験です。受検資格はなく、誰でも出願することができます。公務員の仕事は法律を根拠にしています。法律を学び、習得することは、スポーツにおけるルールを覚えることと同様です。スポーツでは、ルールを知らないとプレイできないように、公務員も法律を知らないと仕事ができません。それくらい法律は重要なのです。また、ルールをよく知っていれば競技を有利に進めることができるように、公務員も法律の理解が深まれば、仕事を効率良く行うことができ、住民

のニーズに沿った仕事をすることができます。

　現在、地方分権、地方創生など地方行政への権限が移譲されています。地方に任された仕事を行う機会がますます増え、法律を学ぶ重要性がより増しているのです。しかし、働き始めると、法律を学ぶ機会は減ってきます。また、法律は一度学んで終わりではなく、継続して学ぶことが重要になります。

　そこで、この法学検定試験は法律の体系的なものを基礎から継続的に学ぶにはうってつけの資格です。レベルが「ベーシック」「スタンダード」「アドバンスト」に分かれているので、自分のレベルに応じて受検し、ステップアップを目指せるところも試験の魅力です。また、点数による表彰制度などもあるため、合格後も前年の成績を超える力試しの気持ちで継続的に受検してもいいでしょう。

　継続して学ぶことで、法律知識を血肉にしましょう。

 ## 取得した人の声

取得者：庄田秀人
取得当時：20代／入庁前

> ## 公務員試験合格後から入庁前に
> ## 法律知識を維持するために格好の試験

取得しようと考えたきっかけ

　公務員試験で覚えた法律の知識が定着しているうちに、何か資格がとれないかと思ったのが受検のきっかけです。ややよこしまな動機でしたが、結果的には、法律を再度学ぶことで知識を維持することができました。また、法

律の新たな解釈の発見や深い学びを得ることができ、法律への興味が増しました。その後の社会保険労務士試験への挑戦のきっかけにもなりました。

取得にかかった時間や試験対策の工夫

公務員試験後の知識が定着していた期間に試験を受けたため、勉強時間は合計30時間程度でした。

試験は「ベーシック（旧4級）」と「スタンダード（旧3級）」もしくは「スタンダード」と「アドバンスト（旧2級）」の形で併願できるため、ベーシック・スタンダードを併願しました。ベーシックでは行政法は試験科目ではありませんが、スタンダードでは行政法を選択科目として選ぶことができます。そのため、公務員試験を受験した方にとっては行政法を選択できるスタンダードは有利な試験です。

私も現にベーシックは不合格でしたがスタンダードは合格しました。

公務員試験受験者や行政書士試験受験者である方は行政法を勉強している方が多いと思いますので、ぜひ併願をおすすめします。

取得後の変化

人事担当課で給与業務を担当していたときには、給与に関連する解釈を法律や例規などに当たって調べることが多くありました。法学検定試験で法律を学んだおかげで、

法律に対するアレルギーを感じることなく取り組むことができました。入庁前に取得した資格ではありましたが、一度勉強した法律用語などは、忘れていても調べ直すことで、すぐに思い出し理解することができます。自分で調べることで、知識の定着が深くなり、応用力もつくので、より密度の濃い仕事ができるようになります。

問題にチャレンジ！

下記の問いに〇か×で答えなさい。

① 条例制定権は憲法によって与えられているので，条例で定めることのできる事項を法律によって限定することは許されない。

② 判例によれば，憲法 31 条は刑事手続についてのみ手続的保障を及ぼしており，行政手続には及ばない。

③ 憲法 14 条は法の下の平等を定めているけれども，判例によれば，地方公共団体が制定する条例によって取扱い上の差別が地域間で生じることは認められる。

［正解：①＝×／②＝×／③＝〇］
（法学検定試験公式 Twitter より）

資格の詳細

https://www.jlf.or.jp/hogaku/

自治体法務検定 [基本法務]

条例・政策の立案に携わるなら必携

資格種別	民間資格		
認定団体	一般財団法人日本通信教育学園		
受検資格	特になし		
クラス認定	シルバークラス （500〜699点）	ゴールドクラス （700〜899点）	プラチナクラス （900〜1000点）

こんな人におすすめ

すべての公務員

資格の概要とメリット

　自治体が政策を推進していく上で欠かすことのできない基本法分野（憲法・行政法・地方自治法・民法・刑法）の知識と、政策を根拠づける法への理解力などの、すべての自治体職員に必要とされる法務能力の向上を目指すものです。検定は、自治体法務検定委員会（一般財団法人日本通信教育学園）が主催しており、得点に応じたクラスに認定されます。

　公務員として仕事をしていると、法律の解釈に関する様々な問題に遭遇します。そのとき、「あっ！この問題は、○○法の解釈・判例について書かれた本を調べればわかるはず

だ！」と思い付けば、しめたものです。受検で得た知識は、このような思い付きの手助けになるでしょう。

 取得した人の声

取材協力：丸谷大介さん
取得当時：40代／市区町村職員（係長）／勤続25年

行政職員なら誰もが繰り返し挑戦する " 価値のある検定

取得しようと考えたきっかけ

自治体法務検定がスタートした平成22年当時、上司に紹介され、同僚3人でチャレンジしました。

通常の国家資格などは合格し、資格を取得すれば目的達成です。しかし、この検定は、「前回はシルバークラスだったけれど今回はゴールドクラスを目指そう」など、繰り返し実力アップを図れます。

私も平成23年度、24年度、29年度と受検し、4回目の令和3年度の検定では、念願のプラチナクラス認定と全国順位1位に輝き、とてもうれしかったことを記憶しています。行政活動は法律に基づき、法律に従って行わなければいけないという「法律による行政の原理」より、自治体法務検定は行政職員なら誰もが挑戦すべき検定です。また、人材育成の基本は自学であるという考えがある中で、自学の最たる例である資格取得は非常に有用な手段です。

取得にかかった時間や試験対策の工夫

勉強時間は平均すれば、平日は2時間程度、休日は4時間程度でした。これを3月の初旬から9月の検定日までほぼ欠かさず続けました。私にとってのコツは、残業などがあっても、帰宅後30分でも毎日勉強することです。これにより、勉強が習慣になり苦痛でなくなります。あとは、第一法規から過去問集が発刊されており、テキストを読むのが退屈になったら過去問を解くことで気分転換するのがよいと思います。私はプラチナクラスを狙っていたので、多くの勉強時間を要したのですが、シルバークラスの認定であれば私の半分以下の勉強時間でよいと思います。

自治体法務検定［基本法務］のテキストは、1冊で5つの法分野を網羅しています。したがって、理解しにくい論点であるにもかかわらず、紙幅の関係で記述が充分でない箇所がどうしても出てきます。そこで私は、法分野ごとに1冊、テキストの末尾に紹介された副読本を購入し、理解が困難なところは副読本でテキストを補っていました。

ぜひ、自治体法務検定にチャレンジされることをおすすめします。

取得後の変化

私は土木技師として下水道課で下水道工事に携わっていたことがあります。私の自治体では、複数人が共有する私道に下水道管を埋設する際、共有者全員に承諾をもら

わなければ下水道管を埋設できないというルールがありました。しかし、共有者 10 人のうち、1 人の反対で、その私道沿線で暮らす住民が公共下水道を使えない問題に直面しました。このとき、これまで学んだ法律の知識と自治体法務検定［基本法務］で得た民法の知識を活用して、共有者の持分の過半数の承諾で下水道管の埋設ができるように制度変更し、下水道整備の促進につなげることができました。この変更後の制度は先進的な事例ということで、国土交通省により、全国の自治体に紹介されました。

問題にチャレンジ！

次の記述のうち、行政処分の効力に関する説明として妥当なものを 1 つ選びなさい。

1	行政処分には公定力があるから、行政処分に重大かつ明白な瑕疵がある場合であっても、取消訴訟以外の訴訟で当該処分の違法性を主張することはできない。
2	行政処分には公定力があるから、違法な行政処分によって損害を受けたことを理由に国家賠償請求が認められるためには、まず、取消訴訟を提起して当該処分を取り消す判決を得なければならない。
3	行政処分について取消訴訟の出訴期間が経過して不可争力が生じた後においても、当該処分をした行政庁が職権で当該処分を取り消すことは可能である。
4	行政処分には自力執行力があるから、一般に、行政処分によって課された非代替的作為義務が履行されないときは、行政上の間接強制（執行罰）により履行を強制することができる。

［正解：3］
（「自治体法務検定」公式ウェブサイトより）

資格の詳細

https://www.jichi-ken.com/

ファイナンシャル・プランニング (FP) 技能検定 [2級]

公務員の世界は "お金を納めていただく仕事" にあふれている

資格種別	国家資格
認定団体	一般社団法人金融財政事情研究会 NPO 法人日本ファイナンシャル・プランナーズ協会
受検資格	① 3 級合格者 ② FP 業務に関し 2 年以上の実務経験を有する者 など
合格率	30％程度

 ## こんな人におすすめ

税金担当・福祉担当

 ## 資格の概要とメリット

　FP とは、人生の夢や目標が叶うように、家計に関わるさまざまな角度から資金の計画を立てることを言います。その専門家であるファイナンシャル・プランナーに求められる知識の対象は、金融や税金、不動産、住宅ローン、保険、教育資金、年金など多岐にわたります。資格に挑むことで、税金・公的保険・私的保険まで、お金に関わる知識を全般的に押さえることができるでしょう。

　個人のお金についての専門の資格なので、住民の経済的な生活に関わる機会の多い税金担当課や福祉担当課などでは、

知識を活かせる場面があるでしょう。また、支出だけでなく、収入も含めた個人の生活設計の管理の専門の資格でもあるので、特に生活保護担当になったときにも、知識を有効に活かせます。税金や公的保険、私的保険等の支出を計算したうえで、生活のためにはどれほどの収入が必要かを考慮し、足りない収入分について生活保護費等の支援を考慮することになるからです。

税金や公的保険の知識が必要とされる税金担当課では、資格取得は大きなアドバンテージになります。滞納者に対する徴収業務の場合には、国民健康保険などの公的保険などについての知識が求められる局面も少なくありません。

 取得した人の声　取得者：庄田秀人
取得当時：20代／市区町村職員（主事）／勤続7年

経済的に困っている方からの 相談に活きた "

取得しようと考えたきっかけ

当時、社会保険労務士の試験に挑戦中で、その知識を活かして受検できるのがこの資格でした。
それまで税金担当課で職務経験があった私は2級から受検しましたが、税金担当課に初めて配属された人には、3級が最適です。受検資格がなく初心者が税金の知識を学ぶには、ちょうどよいレベルだからです。

取得にかかった時間や試験対策の工夫

私が2級を受検したときには、1日1時間で3カ月勉強し合計100時間程度で合格できました。初心者が3級を受検する場合は、1日2時間程度の勉強で臨むとして、2カ月程度の期間を確保するとよいでしょう。直近7回分の過去問がすべて理解でき、解けるようになることを目指しましょう。

取得後の変化

障がい担当課に異動し、ケースワーカーとして働いていたとき、経済的に困っている方からの相談に対応する際に、この資格の勉強で身につけた知識が活きました。その方の支出部分である税金や公的保険や私的保険などを洗い出し、収入と支出をスムーズかつ的確に整理したうえで、司法書士などの専門家につなげることができました。

過去問にチャレンジ！

後期高齢者医療制度（以下「本制度」という）に関する次の記述のうち、最も適切なものはどれか。

1	後期高齢者医療広域連合の区域内に住所を有する 70 歳以上のすべての者は、本制度の被保険者となる。
2	本制度の被保険者の配偶者で年間収入が 180 万円未満の者は、本制度の被扶養者となることができる。
3	本制度の保険料は、納付書または口座振替によって納付することとされており、公的年金からの徴収は行われていない。
4	本制度の被保険者が保険医療機関等の窓口で支払う一部負担金（自己負担額）の割合は、原則として、当該被保険者が現役並み所得者である場合は 3 割、それ以外の者である場合は 1 割とされている。

[正解：4]

（日本 FP 協会 2 級ファイナンシャル・プランニング技能検定学科試験 2018 年 9 月分第 2 問）
許諾番号 2205F000106

 資格の詳細

▼ 一般社団法人金融財政事情研究会

https://www.kinzai.or.jp/fp

▼ NPO 法人日本ファイナンシャル・プランナーズ協会

https://www.jafp.or.jp/exam/

P
A
R
T
3

法律とお金の知識をもっと深めたい！

地方公会計検定® [3級・2級]

時代が要求する財務会計の基礎知識

資格種別	民間資格
認定団体	一般財団法人日本ビジネス技能検定協会
受検資格	特になし
合格率	3級・2級ともに 50 ～ 60％程度

こんな人におすすめ

財政担当・管財担当・会計担当・監査担当

資格の概要とメリット

　一般財団法人日本ビジネス技能検定協会が実施する新地方公会計制度に基づいた財務書類、固定資産台帳の作成に必要な知識や能力を測定する検定です。試験は年2回、全国40カ所程度の会場で開催されており、電卓の使用が可能です。区分は1級から3級に分かれており、2級・3級は公式テキストの内容を理解すれば、独学でも合格可能です。

　特に3級は、地方公務員がコスト意識を持って業務を行うための動機付けにもなります。地方公共団体の会計は、現金主義・単式簿記のため、財務状況が把握しづらく、財務分析に向かないといわれてきました。そこで、総務省が中心とな

り、企業会計に近い発生主義・複式簿記の考え方による統一的な基準による新地方公会計制度の導入が推進されています。これによって、地方公共団体の資産のストックやフローがわかりやすくなり、的確な財務状況の判断が可能になりつつあります。

　この制度の理解は、財務担当者にとっては、必須のスキルになるでしょう。また、各課の会計処理において、新地方公会計制度に基づく日々仕訳の導入が時代の流れです。日々仕訳においては、支出書類を作成するたびに、複式簿記により勘定科目ごとに整理する作業が必要です。

　もちろん、多くの場合は貸方と借方の対応関係が1対1なので、財務会計システムに旧来型の支出科目に合わせて、新公会計の勘定科目を合わせるように設計すれば、特別な知識は不要だという意見もあるのは事実です。しかし、勘定科目を基礎から学ぶことで、密度の高い仕事ができるのではないでしょうか。

 取得した人の声

取材協力：飯島秀剛さん
取得当時：60代／市区町村職員（係長）／勤続38年

地方公会計の理解は企業会計の 簿記の知識だけでは通用しない

取得しようと考えたきっかけ

　当自治体では、新地方公会計において、期末一括仕訳をやめて日々仕訳を導入する方針が固まりました。日々仕訳を導入した場合には、会計課の出納担当だけではなく、

私が担当している審査担当も勘定科目の理解が必要ということになります。そんな中で私は、日商簿記2級や全経簿記1級に合格していたので、企業会計の簿記の知識があれば十分と軽視していました。

しかし、いざ新地方公会計の総務省の基準等を読んでみたところ、企業向けの簿記とは違う解釈の部分が多々あり、改めて学ぶ必要性を感じました。

そこで、「地方公会計」というキーワードをインターネットで探していたら、地方公会計検定と出会いました。「勉強は目的があった方が良い。この検定に合格することを目標にすれば、専門知識が豊かになる」と感じたのが、取得を志したきっかけです。

取得にかかった時間や試験対策の工夫

複式簿記の基礎知識がある程度あったので、受検準備期間は2カ月程度でした。公式テキストと公式問題集を使い、勉強時間は1日1時間程度で60時間程度でした。過去問を解いてみて、できなかった部分はテキストに戻る、の繰り返しです。勉強方法は、他の検定試験と変わりません。計算問題は、パズル好きの方なら、はまります。

私は3級と2級を同時に受検し、どちらも合格することができました。

取得後の変化

　地方公会計検定で得た体系的な知識により、実務上、どの課に負担が増え、どの課に負担が増えないのかを理解することができました。それによりマンパワーを注ぐべき部分を事前に把握し、効率的な人員配置により、組織の役割分担を考える際に役立ちました。

過去問にチャレンジ！

地方公会計における次のア〜オの項目のうち、純行政コストの算定に含まれるものとして、適切なものの組み合わせの番号を１つ選びなさい。

ア	税収等
イ	他会計への繰出金
ウ	無償所管替等
エ	資産除売却損
オ	災害復旧事業費

1. アイエ　　2. アエオ　　3. イウエ　　4. イエオ　　5. ウエオ

[正解：4]

（第 12 回 3 級検定試験より）

資格の詳細

http://www.jab-kentei.or.jp/koukaikei/

所得税法能力検定 [1級]

確定申告や所得税の仕組みが分かる資格

資格種別	民間資格
認定団体	公益社団法人全国経理教育協会
受検資格	特になし
合格率	60％程度

こんな人におすすめ

税金担当

資格の概要とメリット

　公益社団法人全国経理教育協会が実施する、所得税の基本である税務処理ができる知識や、実務での応用的税務処理など、所得税に関する計算を問う検定試験です。試験は年2回実施されます。計算問題が多く出題されますが、電卓が使用可能な検定です。

　住民税担当や源泉徴収票を作成する部署の方は、資格取得に必要な知識が業務に活かされます。計算方法を一から学ぶことで、確定申告や所得税について理解が深まるでしょう。

取得した人の声

"なぜこの数字になるのか" がわかれば 説明の自信がつく

取得しようと考えたきっかけ

新規採用で住民税担当に配属され、2 年目に住民税を効率的に学ぶ機会がないかインターネットで探していたところ、この資格があることを知りました。住民税に特化した検定はなかったのですが、住民税の計算は所得税の計算とほぼ同様です。問題を見て 1 級からでも挑戦できそうだったので、この検定を受けることを決意しました。冬は税務申告時期のため、繁忙期と重なり取得が難しいと思うので、秋の取得を目指してみてください。異動 1 年目でこの資格を取得できると、所得税についてかなり自信がつくと思います。

取得にかかった時間や試験対策の工夫

8 月に対策本を購入してから受検まで、2 カ月程度かかりました。勉強時間は 1 日 1 時間程度で、60 時間から 80 時間程度行いました。まず対策本を一通り読み、「所得税法直前模試」で過去問をひたすら解きました。対策本と直前模試を何度もやり、出題傾向をつかむようにしました。

取得後の変化

電卓を使用することに抵抗がなくなり、窓口での問い合わせで、電卓を使用しながら分かりやすく説明できるようになりました。今はパソコンで入力すれば計算されますが、なぜこの計算がされるのか、なぜこの数字になるのかを具体的に知ったことで、自信を持って説明できるようになりました。

資格の詳細

http://www.zenkei.or.jp/exam/incometax

年金アドバイザー [3級]

複雑な各種年金制度について幅広く知っておくために

資格種別	民間資格
認定団体	銀行業務検定協会
受験資格	特になし
合格率	35%程度

こんな人におすすめ

年金担当・人事担当・福祉担当・庶務担当

資格の概要とメリット

　銀行業務検定協会が実施する検定試験です。年金に関する法律、制度、支給額などあらゆる相談に対応できる知識を習得できます。試験は年2回実施され、場所は全国各地で行われます。各級とも60%以上の正答率で合格となります。

　「老後2,000万円問題」が叫ばれる昨今、年金に関する意識が非常に高くなっています。それゆえに、世の中の声を拾い、意見を聞き、課題の解決を本務とする公務員にとって、年金についてアンテナを張っておくことは必須です。

　年金に関する知識を習得することで、年金担当部署では相談について素早く正確に対応でき、他部署や他機関との円滑な連携を進めることもできるでしょう。また年金担当部署以

外でも、住民から年金について相談されたときに適格なアドバイスを行うことで、信頼を高めることができます。

 取得した人の声

取得者：庄田秀人
取得当時：20代／市区町村職員（主事）／勤続7年

年金の支給額についての 問い合わせ対応がスムーズに

,,

取得しようと考えたきっかけ

社会保険労務士（社労士）試験の受験に際して、年金科目について勉強していたため、知識の定着を兼ねて受験しました。また年金アドバイザー試験は社労士試験と違い、特に年金の計算問題が多く、実用的な知識が身につきます。名前のとおり、年金について人に教えるために有用です。

特に国民年金担当部署では、検定の知識を有効に活用する場面は数多くあります。また福祉部門においても老齢、障害、遺族に基づく各種年金に関連する業務もあるため、役立ちます。また庶務担当部署や人事担当部署においても制度や計算方法を知っていることで円滑に業務を遂行できます。

取得にかかった時間や試験対策の工夫

　2カ月程度をかけ、1日1時間程度で50時間程度勉強しました。最新の問題解説集1冊を完璧に仕上げることで合格できます。社労士の試験対策として年金科目の勉強はしていましたので、基礎的な部分は習得していました。そのため、年金の制度や法律は過去問を解き、解説を読むことで、テキストなどは特に読みませんでした。しかし、年金アドバイザー試験では、年金の支給額を計算する実務に近い問題が出題されます。その部分については、社労士の試験では深く問われないので、テキストでより深く学ぶ必要がありました。

取得後の変化

　60歳代の市民の方から、「年金を受給しながら働く場合、1日何時間勤務すれば総収入額が一番多くなるのか」との相談を受けました。その方については、通常のフルタイムより、勤務時間を少なくしたほうが、年金の受給額が多くなり、年で100万円くらい総収入額が多くなることが分かり、その旨を説明しました。年金アドバイザー試験の勉強で、年金の支給額の計算に関する問題を多く解いていたので、知識を活かすことができ、その日のうちに回答することができました。

PART 3 法律とお金の知識をもっと深めたい！

C夫さん（昭和32年12月1日生まれ）は、昭和55年4月に㈱W社に就職し、65歳に達した日に退職する予定である。C夫さんの令和4年度基準（本来水準）の平均標準報酬月額は380,000円、平均標準報酬額は480,000円とする。子2人は成人して独立し、妻（62歳・パート年収約90万円）と2人暮らしである。

生年月日	総報酬制・実施前		総報酬制・実施後	
	旧乗率	新乗率	旧乗率	新乗率
昭和21.4.2～	7.50 ／ 1,000	7.125 ／ 1,000	5.769 ／ 1,000	5.481 ／ 1,000

〔問〕C夫さんが退職後受給できる老齢厚生年金（報酬比例部分の額。経過的加算は含めない）の年金額について、正しいものは次のうちどれですか（年金額は令和4年度価格）。

(1) 1,365,527 円
(2) 1,368,158 円
(3) 1,370,789 円
(4) 1,440,112 円
(5) 1,441,083 円

⋯⋯⋯⋯⋯⋯⋯⋯⋯⋯⋯⋯⋯⋯⋯⋯⋯⋯⋯⋯⋯⋯⋯⋯⋯⋯⋯⋯⋯⋯⋯⋯⋯⋯⋯⋯

［正解：(2)］

〔問〕C夫さんが65歳から受給する老齢厚生年金に加算される経過的加算の計算式について、正しいものは次のうちどれですか（年金額は令和4年度価格）。

(1) 1,621 円 × 480 ヵ月 － 777,800 円 × 451 ヵ月 ／ 480 ヵ月
(2) 1,621 円 × 480 ヵ月 － 777,800 円 × 452 ヵ月 ／ 480 ヵ月
(3) 1,621 円 × 480 ヵ月 － 777,800 円 × 453 ヵ月 ／ 480 ヵ月
(4) 1,621 円 × 512 ヵ月 － 777,800 円 × 452 ヵ月 ／ 480 ヵ月
(5) 1,621 円 × 512 ヵ月 － 777,800 円 × 453 ヵ月 ／ 480 ヵ月

⋯⋯⋯⋯⋯⋯⋯⋯⋯⋯⋯⋯⋯⋯⋯⋯⋯⋯⋯⋯⋯⋯⋯⋯⋯⋯⋯⋯⋯⋯⋯⋯⋯⋯⋯⋯

［正解：(4)］

（2022年10月試験より）

資格の詳細

https://www.kenteishiken.gr.jp/

医療経営士 [3級]

医療素人から医療従事者へ

資格種別	民間資格
認定団体	一般社団法人日本医療経営実践協会
受験資格	特になし
合格率	40％程度

こんな人におすすめ

福祉担当・医療関連の地方独立行政法人担当

資格の概要とメリット

　一般社団法人日本医療経営実践協会が実施する、医療機関をマネジメントする上で必要な知識、能力を備えた人材を認定する資格試験です。区分は1級から3級に分かれており、3級は初級テキスト全8巻の内容および時事問題等が出題され、応用力を問われます。3級の試験は全国13会場で年3回行われます（2021年度）。

　超高齢社会を迎え、医療と介護の一体的な改革が推し進められています。医療や介護に関する法令や制度に関する知識は、政策の企画、立案で必要不可欠なものです。

　この資格は、取得したことにより特定の行為を許可される

ものではありませんが、医療や介護についての理解を基礎から深めることにより、課題を見つけ、解決への手段を組み立てやすくします。

　人事異動でこれから医療、介護に関する政策を初めて担当する方や、現在担当している方、地方独立行政法人等の医療現場に勤務している方にとって、最適の資格です。

 取得した人の声　　　取材協力：佐々木徳昭さん
取得当時：50代／独立行政法人職員（係長）／勤続31年

ケースワーカーなど
他職種との連携がスムーズに

取得しようと考えたきっかけ

　独立行政法人（医療機関）に勤務していた頃に、医療経営に関する知見を深める目的で資格取得を検討しました。医療経営の資格はほかに、診療情報管理士などもありますが、スクーリングが必要であったり、費用がそれなりにかかったりします。

その点、医療経営士については、テキストを購入し勉強して試験を受けるだけだったので、取得しようと思いました。医療経営士として認定された後、日本医療経営実践協会のセミナーに参加できることも魅力でした。係員あるいは係長の役職での取得が望ましいですが、それ以上の役職でも医療経営士3級として活躍しておられる方々は多数いらっしゃいます。

取得にかかった時間や試験対策の工夫

テキストを購入してから受験まで3カ月程度でした。1日2時間程度で、合計130時間程度勉強しました。まずテキストで勉強し、予想問題を解きながら、解説を何度も読み返しました。

初めて耳にする言葉もたくさんありましたが、苦手分野を繰り返し学習するなどの試験対策を行いました。また、1人で勉強するのが苦手な方向けの対策講座も随時開催されるなど、勉強する機会は多く設けられています。

取得後の変化

診療報酬と医療介護制度の知識を学んだことで、ケースワーカーなどの他職種との連携がスムーズになり、病院のサービスを円滑に提供できるようになりました。

また、日本医療経営実践協会が定期的に主催するセミナーにオンラインで参加しています。資格取得者は半額等の会員価格で参加することができます。民間病院の知識を吸収でき、行政の意見を言うことができ、インプットとアウトプットの両方ができる大変勉強になる機会になっています。この資格を持っていなければ、この勉強会に出会ってなかったので、今ほど人脈や知識の広がりはなかったと思います。

 資格の詳細

http://www.jmmpa.jp/examination/cat1/

年金検定 [2級]

超高齢社会を生きる相談者に求められる知識

資格種別	民間資格
認定団体	一般社団法人日本金融人材育成協会
受検資格	特になし
合格率	40 ～ 60％程度

こんな人におすすめ

年金担当・人事担当・福祉担当・庶務担当

資格の概要とメリット

　国民年金・厚生年金の公的年金を中心に、確定拠出年金等の私的年金や健康保険等の公的医療保険の知識も問われる検定試験です。一般社団法人日本金融人材育成協会が実施しています。

　超高齢社会を迎え、公的年金の受給権者の実数は 4,000 万人を超えるに至っており、多くの世帯で公的年金が収入の中心を占めるようになりつつあります。例えば公共料金の収納実務で、年金支給日まで待ってほしいとの相談を受ける局面も増えているそうです。このような情勢の中では、年金担当はもちろん、それ以外の部署であっても年金に関する知識を身につけておくことが望ましいでしょう。

実例を交えて
年金支給額の計算が学べる

99

取得しようと考えたきっかけ

水道局資産管理課契約係時に、社会保険労務士（社労士）資格の取得を目指して勉強していました。その中で配点の比重が高い国民年金法・厚生年金保険法に苦手意識があったため、早い時期に克服しておこうと考えて受検しました。

また介護保険料を負担する年齢になって、両親や自分自身の年金がどうなるのかについて関心が深くなってきたことも、きっかけの1つです。

取得にかかった時間や試験対策の工夫

当時、まだ始まったばかりの検定試験で、公式テキストや過去問集等が出版されていなかったので、検定主催者である一般社団法人日本金融人材育成協会のウェブサイトで紹介されていたTAC株式会社の通信教育講座を中心に勉強しました。現在では2級試験向けのテキストと問題集が市販されているようです。

私の場合は9月の半ばから約1カ月間、1日2時間程度の学習で2級試験に合格することができましたが、8月

PART 4 生活福祉にかかわる知識を増やしたい！

89

まで社労士試験の学習をしていましたので、初めて年金の学習をされる方はよりじっくり時間をかけて取り組む必要があるかと思います。

取得後の変化

60歳代前半の水道料金等滞納者から支払い相談があったときに、国民年金の繰り上げ受給の制度を説明しました。65歳以前に支給される一方、65歳以降には支給額が減額される等のメリットとデメリットがあります。
相手方は、そのことを理解し納得したうえで、繰り上げ受給の制度を利用することになり、分割して納めてもらうことになりました。年金検定の勉強で、実例を交えた年金支給額の計算を学んでいたため、スムーズに説明できました。

問題にチャレンジ!

国民年金の保険料に関する記述として、最も適切なものを答えなさい。

ア	第1号被保険者は、原則として、出産の予定日（産前産後期間の保険料免除の届出前に出産した場合は、出産の日）の属する月（以下本問において「出産予定月」という。）の前々月（多胎妊娠の場合においては、3月前）から出産予定月の翌々月までの期間に係る保険料は、納付することを要しない。
イ	夫のみに所得がある夫婦（夫43歳、妻35歳であり、ともに第1号被保険者とする。）と2人の子（7歳と5歳とする。）の4人世帯において、申請により当該夫婦の保険料が全額免除されるためには、夫の保険料を納付することを要しないものとすべき月の属する年の前年の所得が127万円以下でなければならない。
ウ	日本国内に住所を有しない60歳以上65歳未満の任意加入被保険者は、付加保険料を納付することができない。
エ	第1号被保険者が令和3年2月10日に保険料全額免除を申請する場合には、保険料未納期間について平成31年1月分に遡って免除の申請を行うことができる。

［正解：エ］

（TAC 年金検定2級講座　実践演習問題より）

 資格の詳細

https://www.kigyou-keiei.jp/lp/nenkin_kentei/

介護事務管理士®

ケアする人を支える知識に強くなる

資格種別	民間資格
認定団体	株式会社技能認定振興協会
受験資格	特になし
合格率	70％程度

 ## こんな人におすすめ

年金担当・高齢者福祉担当

 ## 資格の概要とメリット

　介護事務管理士® 技能認定試験は、ケアプランを立てる居宅介護支援事業所のケアマネジャーの業務などをサポートする知識の習得を目指すものです。受験資格や区分などはなく、だれでも受験できます。株式会社技能認定振興協会が実施する試験は年 12 回行われ、テキストやノート等の資料や計算機を使用して答案を作成します。

　この資格に向けた勉強では、介護保険の基礎的な知識や、介護報酬の算定に関する知識を身につけることができ、介護保険担当課に配属されたばかりの職員にはおすすめです。試験ではテキストやノート等の資料を参照できるため、暗記す

る必要はありません。要点を理解することで合格できるため、普段の業務で忙しい方にとっても、取り組みやすい試験となっています。

 取得した人の声
取材協力：大橋洋輝さん
取得当時：20代／市区町村職員（係員）／勤続1年

「初任者が分からないことは 市民も分からない」を意識 "

取得しようと考えたきっかけ

新卒1年目で高齢介護課に配属され、介護保険に関する知識が全くなく、介護保険に関する知識を習得しようと思ったことがきっかけです。

入庁してから、福祉住環境コーディネーター2級を取得し、それに続く資格を探していたところ、係内で介護事務管理士の資格を持っている方がいないということを聞き、取得することで何か役に立てればと思い、受験を決めました。

介護に関する他の資格は、受験要件がある資格が多いのですが、この資格は受験要件がなく独学で勉強できそうだったので、取得しようと思いました。

介護保険担当課に配属される予定の方や配属されて間もない方で、これまで介護保険に携わることがあまりなかった方におすすめです。

取得にかかった時間や試験対策の工夫

　取得のための勉強には 2 カ月ほど取り組みました。隙間時間に勉強し、合計 30 時間程度でした。対策としては介護事務に関する本を読み、分からない用語を調べたり、実際に例題のレセプトを作成したりしました。レセプト作成は時間がかかるので週末に行い、学科対策は平日に行うなど、自分にとって負担のかからないペース配分を心掛けました。

　資格試験全般に言えることですが、「試験に合格しなければならない」という緊張感を持つことと、問題を解くというアウトプットを行うことで、知識をより吸収できるようになります。これらが、単に本を読んで理解することとは違う、資格取得の有用性です。

取得後の変化

　介護保険に関する知識が身についたことで、窓口や電話で市民の方々からの問い合わせに回答する際、「分かりやすかった」と言われる機会が増えました。「初任者である自分が分からないことは市民の方も分からない」という視点に立って、試験対策で用語等を調べる際、自分で分かりやすいと感じた表現で回答できるようになったことが関係していると思います。

　また、普段の業務では実際にレセプトを作成することはありませんが、介護報酬の計算方法に関する問い合わせに回答できるようになり、自分自身で対応できる問い合わせの幅が広がったと感じています。

問題にチャレンジ！

次の文章の中で、各介護サービスの運営に関する基準（省令）に明記されているものを
1つ選びなさい。

A	介護報酬を間違いのないよう、正確に計算する知識とスキルを有すること。
B	サービス業としての認識を持ち、サービスを提供するスタッフと一体となって利用者が安心してサービスを受けられるように努める。
C	業務上知り得た利用者や家族の個人情報を誰にも話してはいけない。
D	利用者との信頼関係の構築につながるので、言葉のもつメッセージ効果を意識しながら敬語を使用する。

［正解：C］
（サンプル問題）

 資格の詳細

https://www.ginou.co.jp/qualifications/

福祉住環境コーディネーター検定試験® [3級]

住環境から生活を豊かにする

資格種別	公的資格
認定団体	東京商工会議所
受験資格	特になし
合格率	60%程度

こんな人におすすめ

高齢者福祉担当・障がい福祉担当・建築担当

資格の概要とメリット

　東京商工会議所が実施する福祉住環境コーディネーター検定試験®は、高齢者や障がい者に対して、住みやすい住環境を提案するための知識を学ぶことのできるものです。3級から1級に分かれ、試験は年2回（1級は年1回）行われます。

　介護保険利用者は、年々増加しています。介護保険制度に関わる自治体職員は、ケアマネージャーと連携して仕事を行う必要があり、住宅改修や福祉用具の貸与などの確認やアドバイスを行います。

　これまで介護に関わったことがない初任者がこの資格を取得することで、福祉の専門家や介護・介助を必要とする家族の方とのやり取りがスムーズになるでしょう。

取材協力：松田英之さん
取得当時：30代／市区町村職員（主任主事）／勤続11年

福祉専門外でも取り組みやすく、業務に直結する資格

"

取得しようと考えたきっかけ

高齢者福祉課で介護認定に関係する業務に従事していました。そこで、介護認定調査員から、業務内容と資格試験の勉強内容が重なることを聞き、取得を目指しました。一般に他の介護の資格は、実務経験が必要であったり、難易度が高かったりする例が多いです。しかし、この資格については、これまで介護に関わってこなかった方でも挑戦でき、難易度もそれほど高くはなく介護分野の初任者にお勧めです。

取得にかかった時間や試験対策の工夫

試験は多枝選択式で、7割が合格ラインです。3級は合格率が60％程度なので、私は休日を中心に2〜3カ月をかけて市販のテキストを用い、過去問を解いていきました。
1つ上の2級取得も視野に入れて勉強し、半年後には2級も取得しました。勉強時間は平均すると1日1時間くらいだったと思います。1級は難易度が高いので、業務に活かすとなると2級まででしょう。

PART 4

生活福祉にかかわる知識を増やしたい！

取得後の変化

　介護業務で住宅改修の相談を受ける際、専門的な立場から自信を持って助言できるようになりました。
　バリアフリーなどの知識は他課でも活用できます。文化財部署に異動後も、古民家調査やトイレ新設などの局面で、資格の意義を感じました。

 資格の詳細

https://kentei.tokyo-cci.or.jp/fukushi/exam-info/entry.html

社会教育士

まちづくりのための住民協働の機会を仕掛ける

講習科目（大学・短大等の卒業者等）

生涯学習概論 ［2単位］	生涯学習及び社会教育の本質について理解を図る。
生涯学習支援論 ［2単位］	学習者の多様な特性に応じた学習支援に関する知識及び技能の習得を図る。
社会教育経営論 ［2単位］	多様な主体と連携・協働を図りながら、学習成果を地域課題解決や地域学校協働活動等につなげていくための知識及び技能の習得を図る。
社会教育演習 ［2単位］	社会教育主事の職務を遂行するために必要な資質及び能力の総合的かつ実践的な定着を図る。

こんな人におすすめ

生涯学習担当

資格の概要とメリット

　社会教育士とは、社会教育主事になるための講習や養成課程の修了者に与えられる「称号」で、令和2年4月からスタートしました。社会教育士になるためには、文部科学省から委託を受けた実施機関が行う社会教育主事講習を修了する、または大学が行う養成課程で必要単位を修得する方法があります。

社会教育士は、社会教育行政のみならず、環境や福祉、まちづくり等の社会の多様な分野における学習活動の支援を行います。そして人づくりや地域づくりに携わり、地域コミュニティの活性化の推進を担う中心的な役割が期待されています。

　公務員は、地域に基づいた福祉、教育、観光などにおける課題の解決が求められます。これらの課題は、行政だけでは解決できず、様々な立場の人をつなぎ合わせることが重要になってきます。そのようなコーディネーターとしての能力を社会教育主事講習や大学の養成課程で学びます。

　またその他にも、講習や実地を通して、ファシリテーションスキルやプレゼンテーションスキルなどを身につけることができます。これらは、公務員として必要な能力であり、どの部署でも活かすことができます。

 ## 取得した人の声

取材協力：野﨑優さん
取得当時：40代／市区町村職員（専門員）／勤続28年

あらゆる人がステークホルダーであることを理解する一歩に ”

取得しようと考えたきっかけ

　青年団・健全育成・更生保護などの現場の活動を30代まで行っていました。社会教育担当部局に異動した際に現場の活動での経験だけでは、政策立案することに不安を感じ、理論の習得を目指しました。その際に、理論を学ぶことができるこの資格を文科省が周知していたため、受講を決めました。

取得にかかった時間や試験対策の工夫

約3週間、座学のために実施機関である大学へ泊りこみで通いました。数日間の現地研修もありました。大学の中には、半年間オンラインだけで取得できるところもあります。受講期間中に個人論文やグループ論文などの3つの課題論文の提出があります。

取得後の変化

この資格を取得していなかったら、仕事の考え方が狭くなっていたと思います。例えば、社会教育に関してステークホルダーは教育関連だけだと思っていました。しかしこの資格では、ありとあらゆる方がステークホルダーであること、すなわち社会教育の場面であれば老人クラブや婦人会の方をはじめ、いくらでも巻き込むことができることを学びました。この考え方を得たことで、仕事を"やらされ感"なく、楽しんでできるようになりました。

 資格の詳細

https://www.mext.go.jp/a_menu/01_l/08052911/classes.html

消費生活相談員資格

消費生活のトラブルに寄り添うプロフェッショナル

資格種別	国家資格
認定団体	独立行政法人国民生活センター または一般財団法人日本産業協会
受験資格	特になし
合格率	消費生活相談員：1次＝約40％／2次＝約95％ 消費生活アドバイザー：1次＝約40％／2次＝約60％

こんな人におすすめ

消費者生活担当

資格の概要とメリット

　市民から消費生活に関する様々な相談を受ける消費生活センターの相談員に必要な国家資格です。この資格は、消費者安全法に基づく国家資格ですが、試験の実施機関が2つ存在する珍しい資格です。独立行政法人国民生活センターが実施する「消費生活相談員資格試験」に合格すると、国家資格である「消費生活相談員資格」と共に、認定資格である「消費生活専門相談員資格」が、または一般財団法人日本産業協会が実施する「消費生活アドバイザー資格試験」に合格すると、「消費生活アドバイザー資格」のほかに、国家資格である「消

費生活相談員資格」が取得できます。各団体とも年1回試験を実施しています。両試験とも受験資格は特にありません。

消費生活センターでは、相談者である市民と事業者の間に入って、解約や返金の交渉などの助言をし、必要に応じて、あっせんを行います。資格取得で得た知識を用いることで、市民サービス向上につながります。

 取得した人の声　　　取材協力：輿石光一さん
取得当時：30代／市区町村職員（主査）／勤続15年

専門職ならではの悩みや業務を 同じ視点で考えられる ”

取得しようと考えたきっかけ

消費生活センターに異動したことがきっかけです。これまでも担当業務に関する資格を取得してきたこともあり、異動を機に、担当業務に関する資格を取得しようと決意しました。

取得にかかった時間や試験対策の工夫

消費生活センター配属1年目に、（独）国民生活センターの消費生活相談員資格試験および（一財）日本産業協会の消費生活アドバイザー資格試験の両方を受験し、両方合格しました。4月から勉強を始め、1次試験は10月頃、

2次試験は12月頃に受験しています。

正誤式等の筆記試験は、過去問を中心に勉強しました。論文試験は、法改正や流行りの消費者トラブル、話題の環境問題等が狙われやすいので、自分で予想問題を作って論文を作成する練習をしました。面接試験で落ちる人はほとんどいないようなので、面接試験の対策は特にしていません。勉強時間は合計100時間程度だったと思います。

取得後の変化

法的には、消費生活センターのための資格という位置づけであり、職員は持っていて当たり前という意識でしたので、取得したときはスタートラインに立ったという感覚でした。

消費生活センターの業務に特化した資格ですから、得た知識等を相談業務や出前講座などに直接活かすことができます。出前講座では、全体的な話から細かいケースの話まで説明するので、自分で学んだことを今度は自分が教えることになったのでそのまま役立ちました。

同僚が資格取得する際にも、自分が先に資格を取得していたので、予想問題を作り、サポートしました。そして、同僚も無事に資格取得できました。

他に、相談員の方が受けた相談に不備がないかを確認する業務があります。その際、得た知識をもとに、早く正確に確認できました。

また行政職員が専門職員と同じ資格を取得することで、

専門職ならではの悩みや業務について同じ視点で考える
ことができ、円滑に仕事を遂行できるようになりました。

過去問にチャレンジ！

1. 次の文章は、特定商取引法（特定商取引に関する法律）の定める訪問販売の規定について説明したものである。正しい場合は○、誤っている場合は×を選びなさい。

訪問販売の場合、消費者はクーリングオフとしてその契約を解除することができるが、その期間は当該契約を締結した日から起算して8日を経過するまでである。

2. 次の文章につき、正しい場合は○、誤っている場合は×を選びなさい。

乳幼児用品、福祉用具、スポーツ用品等を対象としたSGマークは、損害賠償制度のあるマークである

3. ワットが蒸気機関を発明した頃の世界の人口は約10億人程度であり、それまでのエネルギー資源は太陽光や風などの自然のエネルギーと、枯れ枝や落ち葉などのバイオマスエネルギーなどが中心であった。現在、これらのエネルギー源を総称して【ア】エネルギーと呼んでいる。
【ア】の部分に最も適当なものを、下記の選択肢から選びなさい。

①古代　　②循環可能　　③再生可能　　④途上国

［正解：1＝×／2＝○／3＝③］
（2021年度消費生活アドバイザー試験より）

資格の詳細

▼独立行政法人国民生活センター

https://www.jafp.or.jp/exam/

▼ 一般財団法人日本産業協会

https://www.nissankyo.or.jp/adviser/siken/about-test.html

ボランティアコーディネーション力検定[3級]

市民協働に関わるなら必須の能力

資格種別	民間資格
認定団体	認定特定非営利活動法人日本ボランティアコーディネーター協会
受検資格	ボランティア活動経験のある方で、3級検定直前研修（当日受講か事前動画視聴）の修了者
合格率	80 〜 90％程度

こんな人におすすめ

市民協働担当

資格の概要とメリット

　認定特定非営利活動法人日本ボランティアコーディネーター協会が実施する検定です。「ボランティア活動を理解し意義を認め、その活動のプロセスで多様な人や組織が対等な関係でつながり、新たな力を生み出せるように調整することで、一人ひとりが市民社会づくりに参加することができるようコーディネートする力」を身につけることが目的です。

　生活スタイルや価値観の多様化により、住民ニーズが複雑化する昨今、行政サービスだけではそのすべてに応えることが難しくなっています。ボランティアやNPO、企業等と連

携し、各々の強みや特徴を活かしながらまちづくりに取り組むことが、解決の手法の1つです。

 取得した人の声
取材協力：鷹野雅士さん
取得当時：30代／市区町村職員（係長）／勤続14年

相談員としての信用と自信を高める　"

取得しようと考えたきっかけ

ボランティアやNPOで活動されている方々の相談窓口を設置しているものの、実際に相談に来られる方が少なく、相談に応えるための知識や経験を身につけることができませんでした。そこで、「合格者のいる窓口」として信用を高め相談数を増やすこと、また自分自身も相談員としての自信を持つことができるよう、検定を受検することとしました。

受検する区分（級）によっては実務経験が問われるため、実際にボランティアに関わる部署に所属する間に取得することをお勧めします。

取得にかかった時間や試験対策の工夫

申込から受検日まで1カ月程度の準備期間があります。試験は公式テキストブックから9割以上出題されるため、テキストブックの読み込みが中心となります。過去問は一部しか公開されていないので、出題傾向を参考にする

程度の利用となります。

取得後の変化

県内でも合格者の少ない検定だったため、合格の際には地元の新聞紙面で取り上げていただきました。また、相談窓口の広報の際にも「合格者が対応します」という強みを前面に押し出すことができるようになりました。
相談を受け付ける際には、受検前には気が付かなかった考え方や視点で考えることができるようになり、より相談者に寄り添えるようになりました。

問題にチャレンジ！

ボランティアコーディネーションについての記述として、間違っているものを1つ選びなさい。

A	ボランティアコーディネーションとは、ニーズ（需要）にボランティア（供給）を適合させるテクニックのことである
B	ボランティアコーディネーションは市民社会づくりを目的として行われる働きである
C	ボランティアコーディネーションを行うには、ボランティアについての正しい理解や知識、情報が必要である
D	ボランティアコーディネーションは市民社会づくりの様々なアプローチの中で、とくにボランティアに焦点をあてて取り組まれる

[正解：①]
（実施要項パンフレット掲載問題より）

資格の詳細

https://jvca2001.org/vco_kentei/entry/

ビジネス実務法務検定試験® [3級]

法令遵守のための土台となる知識をつける

資格種別	公的資格
認定団体	東京商工会議所
受検資格	特になし
合格率	70〜80%程度

こんな人におすすめ

すべての公務員

資格の概要とメリット

　東京商工会議所が実施する、ビジネスに関連する法律の基礎を学び、実務に活かすことができる検定試験です。区分は、3級から1級に分かれており、公式テキスト程度の理解が求められます。この資格は、特殊な業務に携わるための資格ではありません。しかし、民法をはじめとした各種法令の遵守が求められる公務員にとって、その土台となる法律知識を身につけることができるでしょう。技術系の職員にとっても、法律の知識を身につける手始めとして大変取り組みやすい資格です。どんな職場に異動しても、法律知識があることは自信につながります。

取材協力：橋本 隆さん

取得当時：40代／市区町村職員（課長）／勤続 18 年

顧問弁護士にもポイントを絞って
相談できるようになる

"

取得しようと考えたきっかけ

区画整理課長に拝命された当時、民法の大きな改正がありました。用地交渉の際に受ける地権者などからの質問に自信を持って回答するため、法律知識を学びたいと思い、受検を決めました。また、問題案件についての顧問弁護士への相談は課長の担当業務であり、法律の知識を身につける必要があったためでもあります。

法律知識は必ず役立ちますので、早めの取得がお勧めです。取得したいと思ったときに取得しましょう。

取得にかかった時間や試験対策の工夫

テキスト『ごうかく！ビジネス実務法務検定試験®3 級攻略テキスト』（早稲田経営出版）と問題集をセットで購入してから受検まで、約 3 カ月でした。

おすすめしたい試験対策は、オンライン学習サイト「オンスク」の併用です。月額 980 円で 50 種類以上の講座を受講でき、講義動画では前述のテキストを丁寧に解説していて、併用することで学習効率が上がりました。

取得後の変化

取得後に問題案件を抱えることとなり、年間に4件ほど顧問弁護士に相談しました。

顧問弁護士に相談する際は、法的な問題点や争いになるポイントを見つけられるようにしておくことが重要です。法律の体系的な知識を得たことで、ポイントを絞った相談ができたことにより、短時間で問題案件を解決できました。

ハードクレーム対応や顧問弁護士相談の心構えについては、拙書『自治体の都市計画担当になったら読む本』(学陽書房)にも紹介していますので、ご興味のある方は、ぜひそちらもご覧ください。

 資格の詳細

https://kentei.tokyo-cci.or.jp/houmu/exam-info/entry.html

知的財産管理技能検定[3級]

産学官連携に必須の判断力が養える

資格種別	国家資格
認定団体	一般財団法人知的財産研究教育財団
受検資格	特になし
合格率	60〜70％程度

こんな人におすすめ

産学官連携担当・シティプロモーション担当

資格の概要とメリット

　職業能力開発促進法に基づき実施されている国家試験で、厚生労働大臣より指定試験機関として指定を受けた「一般財団法人知的財産研究教育財団」の一部門である「知的財産教育協会」が試験業務を行っています。

　企業等における「知的財産」の活用等に係る業務を行ううえで必要とされる知識などの習得程度を測る検定です。試験は3級、2級、1級の3つの等級に区分され、各級とも学科試験と実技試験により行われます。学科・実技試験ともに合格すると、各級の「知的財産管理技能士」の国家資格が得られます。試験会場は全国主要都市に設けられており、年3回実施されます。

行政における関係機関との連携は重要な事項です。例えば、地元特産品の共同開発や販路拡大に取り組んだ産学官連携によって生み出される知的財産（パッケージデザインや商標など）をどうしていくか、という問題が生じる場合があります。産学官の連携において、共同で開発・研究を行い、その結果創出した知的財産を技術移転したり、社会に還元（社会実装）したりする際には知的財産の知識が必須となります。

　この資格を取得することにより、専門家に丸投げではなく、行政としてのスタンスを考えながら、産学官連携の事案について基本的な判断ができるようになります。もちろん、複雑な事案であると判断できれば、知的財産の専門家である弁理士や弁護士にいち早く状況を説明してつなぐという役割も果たせます。

　今後あらゆる場面で知的財産が活用される時代が到来します。また、産学官連携だけでなく、著作権や商標等の保護に関する知識も得られるため、広報誌制作や自治体マスコットキャラクターの権利保護といった業務においても正しい判断ができるようになります。

 取得した人の声

取材協力：立岩信明さん
取得当時：40代／都道府県職員（主査）／勤続 19 年

大学と企業の双方にとって
プラスになる仕事ができた

"

取得しようと考えたきっかけ

　県立医科大学の事務に配属され、産学官連携や研究支援の担当になったことが契機です。大学では、企業や研究

機関と連携して研究を行うにあたり、研究成果として発生する知的財産の扱いが重要となります。これはスキルアップのチャンスだと思い受検を決めました。

7月が試験でしたが、3カ月あったので大丈夫かなと思い、配属となった年の4月に受検を決意しました。

取得にかかった時間や試験対策の工夫

受験対策テキストと過去問題集を購入してから受検まで3カ月程度でした。まずテキストを一通り読んで知的財産の知識を養い、そこから過去問を解くことに集中しました。

この資格の公式ホームページで過去3回分の過去問の資料が掲載されているため、時間を計って問題を解くスピード感に慣れるなど、本番さながらの受検対応を行いました。勉強時間は合計50時間程度だったと思います。

一般的な契約に関する知識を習得されていない場合には、民法など法律の知識を習得してから取得すると効果は大きいと思います。

取得後の変化

大学では、民間企業との共同研究を行っています。創出された発明などを知的財産化する手続きについて、資格の知識を活かし、円滑に行うことができました。その結果、民間企業からの信頼を得て、引き続き共同研究を5年間延長したいという申し出をいただきました。

もしこの資格を取得していなければ、頼まれたことをそのまま行うだけの"作業"しかできなかったかもしれません。しかしこの資格を取得したことで、大学と企業の間に入って円滑に業務をすすめ、時には双方にとってプラスになるような"仕事"を行うことができるようになったと思います。

過去問にチャレンジ！

ア〜ウを比較して、特許権に係る通常実施権の許諾契約に関して、最も不適切と考えられるものはどれか。

ア	特許権者は、重複する範囲について複数人に対して通常実施権を許諾することができる。
イ	通常実施権の契約において、契約の相手方以外には実施権を許諾しない旨の特約を伴う契約をすることはできない。
ウ	特許権が共有にかかる場合、一の共有者が他人と通常実施権の許諾契約を締結するためには、他の共有者の同意が必要となる。

[正解：イ]

（3級学科試験（2019年11月実施）より）

資格の詳細

https://www.kentei-info-ip-edu.org/application.html

CSR 検定 [3級／サステナビリティと SDGs]

ステークホルダーと連携して社会課題に挑む

資格種別	民間資格
認定団体	株式会社オルタナ
受検資格	特になし
合格率	70％程度

こんな人におすすめ

市民協働担当・まちづくり担当

資格の概要とメリット

　株式会社オルタナが実施する検定試験です。企業が様々な
ステークホルダーと連携して社会課題を解決したり、SDGs
の要素を組織に反映させ組織の価値を高めたりする能力を身
に付けるものです。2023年から名称が「サステナブル経営
／ CSR 検定」に変更となります。区分は4級から1級に分
かれており、公式テキストの内容と応用力を問われます。3
級試験は年2回行われます。

　現代の行政運営は、市民や NPO、企業との協働なくして
成り立ちません。本検定は CSR（企業の社会対応力）につ
いて学び、企業が社会から求められていることなどを実際の

事例を元に学ぶことができます。また SDGs についても、社会に定着していない当時から、具体的な手段や事例をまとめています。SDGs は社会の課題を示すものであり、その考え方は行政が政策を進めるにあたっての後ろ盾にもなるため、公務員が学習する意味は大きいでしょう。

コンプライアンス、ワーク・ライフ・バランス、フェアトレード、ソーシャルビジネス、ダイバーシティなど、行政職員がよく耳にするようになったワードも解説されています。

 取得した人の声

取材協力：木下喬介さん
取得当時：30 代／市区町村職員（主任）／勤続 12 年

企業のステークホルダーと共通認識を作る ”

取得しようと考えたきっかけ

市民協働担当の部署に在職中、企業を交えた協働を推進するため、優れた CSR 活動を行う企業を顕彰する「企業の CSR 活動表彰制度」を作ることになりました。
それまで、NPO との関わりはあったのですが、企業との関わりは限定的でした。そこで、企業の CSR についての知識や考え方を理解する必要があると感じ、本検定の存在を知って受検しました。

取得にかかった時間や試験対策の工夫

市販のテキストを読み、公式サイトに掲載されていた過去問を解いて理解度を高めました。テキストは１つのテーマが見開きで構成され、各分野のトップランナーが解説されていることから興味深く読み進めることができます。受検日まで３カ月程度で少し焦りもありましたが、十分学習時間を取ることができました。

取得後の変化

本検定試験合格後、企業の皆さんと CSR についての共通認識を作れたことにより、2016 年に「企業の CSR 活動表彰」を創設できました。

その後、「市民協働を進めるための基本指針」の制定にも携わり、企業の特性や強みを示しました。制定にあたっては、大学の先生、NPO や企業でご活躍される方々や民間公募の皆さん等により構成される委員会で何度も議論を交わしました。その際の事務局側であった私も本検定で得た知識を活かすことで、議論を調整することができました。

資格を取得していなければ、日本の CSR の背景にある世界の CSR の状況を理解できず、専門的な議論についていけなかったかもしれません。特に企業と協働して事業を行う部署には必要な知識だと思います。また SDGs に関連する政策を行う部署の方にもおすすめです。

過去問にチャレンジ！

日本の「SDGsと消費行動」に関する以下の記述より、最も不適切なものを1つ選べ。

(ア)	環境配慮や社会的弱者支援などの次世代や他者への倫理的な視点をもつことも消費行動には求められる。
(イ)	今日、情報化社会の広がりによって、消費はより多様化しており、自覚ある消費行動、主体的な意思決定が求められている。
(ウ)	文部科学省の新学生指導要領では、児童生徒は「豊かな創造性を備え持続可能な社会の創り手となることが期待」され、小学校、中学校、高校でも、SDGsをはじめ、持続可能な社会の実現に向けた内容がさまざまな教科で採用されている。
(エ)	2012年に消費者教育推進法が制定され、消費者教育の推進が企業の義務として定められた。

[正解：（エ）]

(CSR検定3級第14回問題28より)

 資格の詳細

https://csr-kentei.alterna.co.jp/

eco 検定（環境社会検定試験®）

環境をめぐる市民対応ニーズのために

資格種別	公的資格
認定団体	東京商工会議所
受検資格	特になし
合格率	75％程度

こんな人におすすめ

環境担当・企画担当・建設担当

資格の概要とメリット

　eco 検定（環境社会検定試験®）は、東京商工会議所が実施する検定試験です。再生可能エネルギーや生物多様性、廃棄物関連と環境分野の幅広い内容が公式テキストの内容に準拠して出題されます。試験は年2回行われます。

　近年、環境部局はもちろん、どの部署においても求められるようになったのが、環境への意識でしょう。市民活動においても、再生可能エネルギーを活用した市民発電など、環境面の取組をまちの魅力につなげている例も多く見られます。環境分野に関連する担当になったとき、現在の環境を取り巻く世の中の流れや背景を理解しようという方に最適な検定です。

部門を横断して環境の知識を活かす契機に

取得しようと考えたきっかけ

環境部局在籍2年目に、たまたま参加した経済産業省のイベントで本資格の存在を知りました。環境行政に携わっていた証として資格を取得し、客観的に既存施策を見直せればと考え、受検を決めました。

環境部局へ異動した際、課の業務の背景を知るために取得するのがおすすめです。また、環境面の知識が必要になるのは環境部局に限りませんので、企画部局や建設部局の方にも役立ちます。

取得にかかった時間や試験対策の工夫

対策本を購入してから受検まで1カ月程度でした。まず対策本を一通り読み、掲載されている過去問を解きました。苦手分野は何度も復習をすることで十分に合格点に達すると思います。合計勉強時間は20時間程度でした。

PART 5 住民・企業とよりよく連携・協働したい！

121

　資格取得は、環境面で町をPRするきっかけになりました。検定を取得することで応募できるようになった「eco検定アワード」で、過去優秀賞に2度、奨励賞に1度選出され、各種メディアに取り上げられたことで、町のPRにつなげることができました。賞の表彰式では大手企業の方などと交流する機会もあり、次の仕事につながったこともあります。

　一口に環境といっても様々な分野があります。当町では環境分野でも生物多様性については、あまり関わることがありません。しかし、資格取得を通して環境分野全般を学ぶことで、環境行政の背景を理解することができます。バックグラウンドを理解することで、関係団体とのスムーズな仕事につながりました。

　現在は、商工部局に異動となりましたが、どういった要素をPRして販路を開拓するかと事業者から相談があった際に、環境負荷の低減に取り組む事業活動を推し、それが取材につながったことが幾度もありました。

　環境部局から異動後も、違った観点から部門横断的に環境面の知識を活用する良いきっかけになったのが、この検定でした。難易度が高くないことから、資格取得の入り口としても活用しやすいです。

資格の詳細

https://kentei.tokyo-cci.or.jp/eco/exam-info/entry.html

認定ファシリティマネジャー

保有する施設・環境から自治体経営を牽引する

資格種別	民間資格
認定団体	公益社団法人日本ファシリティマネジメント協会 一般社団法人ニューオフィス推進協会 公益社団法人ロングライフビル推進協会
受験資格	特になし
合格率	45％程度

こんな人におすすめ

公共施設マネジメント担当・施設管理担当

資格の概要とメリット

　認定ファシリティマネジャーとは、自治体が保有する全施設・環境（ファシリティ）を経営的視点から企画・管理・活用する活動を推進する専門家です。快適なファシリティを継続的に供給し、自治体の経営目標を達成し、かつ健全な社会資本の形成に貢献することを目的としています。試験は年1回、全国約300カ所以上で受験可能なCBT方式で行われます。

　自治体では、人・金・情報と並ぶ経営基盤として、「もの＝ファシリティ」があり、保有する施設・環境を自治体経営に寄与させる必要があります。そのためには、公共施設の品

質性能の確保、コストの最適化、需要の変化への柔軟な対応など、PDCAを回し、最小の経費で最大の効果を生み出さなければなりません。そしてホールや体育館といった公共施設の管理運営、または自治体が保有するすべての施設のあり方など、ファシリティを効率的かつ効果的にマネジメントすることが重要となっています。

資格取得により、これらに関する体系的・論理的な考え方を身につけることができるとともに、自治体を経営的視点から俯瞰して見ることができるようになるでしょう。

 ## 取得した人の声

取材協力：飯島健一さん
取得当時：40代／市区町村職員（課長補佐）／勤続19年

議会対応や事業者との協議に大いに役立つ "

取得しようと考えたきっかけ

公共施設の経営担当になった際に、昇給にはこの資格が必須となっている民間企業があることを知りました。また、他自治体のファシリティマネジメント担当の職員からの勧めもあったことから、ファシリティマネジメントの考えを学ぶために取得しました。

取得にかかった時間や試験対策の工夫

『公式ガイド　ファシリティマネジメント』を読み込み、『認定ファシリティマネジャー資格試験問題集』（過去の

試験問題）を複数回解きました。ボリュームが多いため、試験対策と同時に、自治体に関連する部分を重点的に勉強しました。公式ガイドは隙間時間に読み、ある程度時間が取れる時に問題集に取り組みました。

取得後の変化

公共施設マネジメントを推進するうえで、常に経営的視点からファシリティマネジメントの考え方を軸に据えて進めることができるようになりました。議会の質問においても、自信をもって答えることができたり、事業者との契約において条件に合った適正な価格設定を行ったりすることができました。

その後も資格所持を前提に事業者と協議する際に、同じ目線で考えることができ、より効果的で深い対話ができました。異動後も、自治体全体を俯瞰して経営資源を効率的・効果的に活用する考え方は、事業の企画・予算編成や職場環境の改善などに役立っています。

過去問にチャレンジ！

オフィスのファシリティコスト削減の施策として、次の記述の中から不適当なものを2つ選びなさい。

1	オフィスのファシリティコスト削減施策には、戦略的施策と運営維持による施策の2通りがあり、それぞれに単位コスト削減の視点と、施設面積削減の視点の二つがある。
2	単位コスト削減の視点による戦略的施策として、首都圏郊外の本社オフィスを売却し、東京都心へ移転することは有効である。
3	施設面積削減の視点による戦略的施策として、ユニバーサルレイアウトの採用は有効である。
4	運営維持による施策として、オフィス専用部のゴミ収集回数を増やし、オフィスを清潔に維持することは有効である。
5	賃借ビルにおける単位コスト削減と施設面積削減の両面の視点の組み合わせによる戦略的施策として、レイアウト変更で空机を無くし、不要面積を返却する施策は有効である。

［正解：2・4］

（2014 年度試験問題より）

 資格の詳細

http://www.jfma.or.jp/qualification/page3.html

マイナンバー実務検定[3級・2級]

適切な普及促進と行政 DX の実現に向けて

資格種別	民間資格	
認定団体	一般財団法人全日本情報学習振興協会	
受検資格	特になし	
合格率	3 級：46％	2 級：30％

こんな人におすすめ

窓口担当・人事担当・税金担当

資格の概要とメリット

　マイナンバー制度をよく理解し、特定個人情報を保護し、適切な取り扱いをするための正しい実務知識を身につける検定試験で、一般財団法人全日本情報学習振興協会が実施しています。区分は 3 級から 1 級に分かれ、年 4 回（6、9、12、3 月）試験が行われます。受験場所は全国 20 カ所のほかオンライン方式での受験も可能です。国の方針もあり、マイナンバーカードの発行枚数も増えており、マイナポイントなど関心も高まっています。今後も、新しくマイナンバーカードを活用した業務が増える可能性が大きく、マイナンバーの取り扱いについて学んでおくことは重要になると思われます。

前例のない業務への問い合わせにも 適確に答えられるように ”

取得しようと考えたきっかけ

市区町村でのマイナンバーカードの交付業務が決まった際に、前例がない業務であったために交付前に前提知識を身につけようと思いました。そこで 3 級の検定を勉強し、6 月ごろに受験し合格しました。その後、コロナ禍で週 2 回の在宅勤務になり、マイナンバー制度を確認する機会が多くなったため、改めて勉強しようと思い、2 級の挑戦を決意しました。令和 2 年 6 月ごろに受験し合格しました。

マイナンバーを扱う業務は今後もますます増えることが想定されるので、時間を作って取得することをお勧めします。

取得にかかった時間や試験対策の工夫

3 級受検時は公式テキストを購入し、試験までの 2 カ月程度は週 3 回、1 日 1 時間程度勉強しました。2 級受検時は在宅勤務の大半を費やし、約 2 週間程度で臨みました。テキストをノートにまとめなおし、テキストに載っている過去問にも取り組みました。

取得後の変化

マイナンバーカードの発行業務開始にあたって、研修などでも、扱い方についてスムーズに理解することができました。職員間で、疑義がある部分について検定のテキストを確認して解決することができたり、来庁された住民の方の問い合わせにも適確に答えることができたりしています。

マイナンバーカードの交付だけでなく、関連する手続きに対して質問があった場合には、体系的な知識を得ていたためスムーズに答えることができ、これまで窓口でのトラブルは起きていません。

過去問にチャレンジ！

番号法に関する以下のアからエまでの記述のうち、誤っているものを1つ選びなさい。

ア	番号法には、番号制度における国の責務が定められている。
イ	番号法には、番号制度における地方公共団体の努力が定められている。
ウ	番号法には、番号制度における事業者の努力が定められている。
エ	番号法には、番号制度における個人の努力は定められていない。

［正解：イ］
（2021年試験問題より）

資格の詳細

https://www.my-number.or.jp/

ITパスポート試験 (iパス)

これからの時代の基礎知識

資格種別	国家資格
認定団体	経済産業省
受験資格	特になし
合格率	50％程度

 こんな人におすすめ

すべての公務員

 資格の概要とメリット

　ITに関する基礎的な知識が証明できる国家資格です。情報部門やシステムを扱う所属はもちろんのこと、窓口対応や定例業務であっても、パソコンを使わない部署はありません。しかし、パソコン操作やシステムの使用にあたっては、知識不足のために思ったとおりにいかない局面も少なくありません。

　この資格の取得に取り組むことで、パソコン操作やシステム使用などをスムーズに行うことができる基礎的なIT知識にとどまらず、IT業者とも対等に話し合え、業務に合ったシステムを構築できるようになるでしょう。

部署全体で年 4,000 時間の 勤務時間削減に貢献 "

取得しようと考えたきっかけ

すでに資格を取得していた職場の先輩から誘われたことがきっかけです。パソコンは苦手ではなかったのですが、情報化社会の中で、私のような保健師であってもパソコンのスキルは必須だとの思いがありました。「この分野のことをどれくらい知っているんだろう？ 業務に活かせそうかもしれない。」と思い受験を決めました。

取得にかかった時間や試験対策の工夫

対策本を購入してから受験まで3カ月程度でした。まず対策本を一通り読み、試験元が作成している公式サイト「i パス過去問道場」で、過去問をひたすら解きました。分野別で正誤も表示されるため苦手分野がどこかすぐにわかり、対策しやすかったです。

取得後の変化

取得後に新型コロナウイルス感染症が流行し、保健所の疫学調査の担当に専従で勤務することになりました。疫学調査では聞き取った個人情報や行動歴、濃厚接触者

などの情報を別々の表計算ソフトで管理していました。どの情報にどのような形式のデータベースが良いのか、システムを開発するにはどこを解決するためにどの段取りで組み立てるべきか、ITパスポートで得た知識を基に取り組み、効率化できました。

業者に委託しても同じようなシステムはできます。しかし、その場合、できたものが必ずしも使い勝手がよいとは限りません。それよりも、ITの知識を持った現場の職員が必要な情報や事務の流れを理解したうえで、構築したほうが、現場に合ったものになります。このシステムを作ったことで、部署全体で年4,000時間程度の勤務時間の削減に成功しました。疲弊しきっていた現場の職員からは大変感謝され、私自身も貢献できてよかったなと思いました。

 ## 過去問にチャレンジ！

電子メールにディジタル署名を付与して送信するとき、信頼できる認証局から発行された電子証明書を使用することに比べて、送信者が自分で作成した電子証明書を使用した場合の受信側のリスクとして、適切なものはどれか。

ア	電子メールが正しい相手から送られてきたかどうかが確認できなくなる。
イ	電子メールが途中で盗み見られている危険性が高まる。
ウ	電子メールが途中で紛失する危険性が高まる。
エ	電子メールに文字化けが途中で発生しやすくなる。

[正解：ア]

(令和2年秋期試験問題より)

 ## 資格の詳細

https://www3.jitec.ipa.go.jp/JitesCbt/html/application/applies.html

統計検定 [統計調査士]

EBPM のはじめの一歩

資格種別	民間資格
認定団体	一般財団法人統計質保証推進協会
受験資格	特になし
合格率	28.9％（2021年11月試験）

こんな人におすすめ

企画担当

資格の概要とメリット

　一般財団法人統計質保証推進協会が実施する統計に関する知識や活用力を評価する全国統一試験です。10種ある統計検定の1つに「統計調査士」があり、公式問題集の内容と応用力を問われます。試験は CBT 方式で行われます。

　統計担当課はもちろんのこと、政策や計画を策定する部門において裏付けデータを探し出すなど，活用の幅は無限大です。

取得した人の声

取材協力：中根良輔さん
取得当時：30代／市町村職員（主事）／勤続3年

統計データは
説得力ある強力なエビデンスに

"

取得しようと考えたきっかけ

平成27年に国勢調査の指導員を勤め，平成28年には配属された統計担当課で「経済センサスー活動調査ー」を担当したことにより、統計調査の社会における重要さに気付きました。一方で、ライフスタイルの多様化や情報保護意識の高まり等により、市民の統計調査への協力・理解は難しくなっています。

そこで、統計調査事務の設計や市民への協力依頼等のレベルアップを図りたいと思っていました。そんな中、たまたまインターネットで「統計調査士」の資格を見つけて、気軽に取り組めそうだったので受検しました。

取得にかかった時間や試験対策の工夫

公式問題集と公式ウェブサイトに掲載されている過去問に、1日1時間程度を1カ月間ほど続ければ、合格する知識量に達すると思います。

活用の幅が広く、比較的簡単な試験ですので、早期に取得することがおすすめです。

　各調査の目的や概要をつかむことでどのようなデータが存在するか、全体的に把握できるようになりました。

　例えば、私が分析できないデータであっても、関係する統計データを引っ張り出すことはできます。違う職員がその統計データを分析するといったように、役割分担して仕事ができるようになりました。

　また、当市の強みと弱みを市民の方に説明するときに、人口データ、雇用データ等の統計データを活用し説得力のある資料を作成したこともあります。

　そして、都市計画部門に配属された今でも、計画の定量的根拠の整理に役立っています。資格を取得していなかったら、インターネットの検索サイトで調べたもののみで根拠を出していたと思います。しかし、取得したことで日本の統計が閲覧できる政府統計ポータルサイト「e-Stat」などを活用し、統計データを根拠とすることができるようになりました。統計データは数字で示される公式なデータですので、強力なエビデンスになります。

 資格の詳細

https://www.toukei-kentei.jp/

都市計画ビジュアルコミュニケーター検定

まちを 3D データ化して分析するスキル

資格種別	民間資格
認定団体	都市構造可視化推進機構
受検資格	特になし
合格率	非公開

こんな人におすすめ

都市計画担当

資格の概要とメリット

　都市構造可視化推進機構が実施する、まちづくりに携わる方に対して、都市の現状や将来の都市構造を分析するスキルの取得を目的とした検定試験です。都市構造可視化技術に関わる幅広い知識を問う学科試験と、都市構造可視化技術を用いて都市構造を分析する実技試験の 2 科目について行われます。試験は年 1 回開催されます。試験会場のほかオンライン方式での受検も可能になっています。

　近年、スマートシティ、スーパーシティ、デジタル田園都市国家構想といったように、社会のデジタル化を見据えた政策が必要とされています。まちづくりを実践するうえで、自

らの地域の特性や課題の把握は必要不可欠です。それらの情報をいかに住民と共有するかが、まちづくりのポイントと言っても過言ではありません。

　しかし、都市の人口分布、高齢化率、商品販売額、地価の経年変化等の統計データは、数字の羅列のためわかりにくい面を有しています。この資格の取得に向けた学習により、統計調査に基づいた都市データを、多角的に分析する能力が身につきます。また、都市構造が変化した過程や将来動向などを、経年変化や他都市と比較しながら、地域の特性や課題を分析することが可能になります。まちの課題を分析し、地域住民と共有する手段を習得できる、とても魅力的な資格となっています。

 取得した人の声　取材協力：宮坂悠哉さん

取得当時：30代／市区町村職員（主査）／勤続3年

使われていない統計調査データをうまく利用できるようになる ""

取得しようと考えたきっかけ

　まちづくりを進める上で、地域の方との合意形成は欠かせません。まちを俯瞰的に見ることができ、直観的にまちの課題を把握することができる、都市構造の可視化に魅力を感じたことから資格取得に至りました。
　専門的知識を持たない事務職員でも気軽に取得することができます。統計データの分析は公務員にとって、政策を進めるうえで欠かせない業務であり、どの部署でも役

立つスキルです。特に、GIS に触れる機会が多い部署や
まちづくりを行う部署の方が取得されると、効果は大き
いです。また、市外の方へのプロモーションする際にも、
3D データ化での説明は非常に役立ちます。

取得にかかった時間や試験対策の工夫

対策本を購入してから受検まで 3 カ月程度でした。まず
対策本を一通り読み込んだ上で、統計、都市計画、都市
構造可視化について知識を深めました。勉強時間は合計
10 時間程度でした。
実技については、都市構造可視化ウェブサイトから様々
な統計データをダウンロードし、Google Earth を活用し
て都市の分析を行いました。

取得後の変化

災害データを 3D 化したことで、各地域の被害情報を住
民に対して一目瞭然で示すことができました。住民に対
して危機感を持ってもらい、非常に効率よく説明を行う
ことができました。使われていない統計調査データをう
まく利用することができるようになります。
これまでのまちづくりは、都市の現状や課題の把握を行
うに当たり、職員の経験値が必要とされてきました。し
かし、この資格で得た知見を活かすことで、経験値を補
うことができます。
また、証拠に基づく政策立案（EBPM：Evidence Based

Policy Making）を実現することができます。その他、他自治体等から打診があり、有資格者の立場からまちづくりのためのデータ活用方法をレクチャーしました。

「i-都市再生交流会議」という都市構造可視化に取り組む自治体間のネットワーク形成を促進する場があり、全国の仲間とつながる機会があるので今後は活かしていきたいです。

問題にチャレンジ！

都市計画法の目的、基本理念について述べた以下の文から最も不適切なものを一つ選びなさい。

1	都市計画法は、都市計画の内容及びその決定手続、都市計画制限、都市計画事業その他都市計画に関し必要な事項を定めることにより、国土の均衡ある発展と公共の福祉の増進に寄与することを目的とする。
2	都市計画法は、都市の健全な発展と秩序ある整備を図り、もつて国土の均衡ある発展と公共の福祉の増進に寄与することを目的とする。
3	都市計画は、農林漁業との健全な調和を図りつつ、適正な制限のもとに土地の合理的な利用が図られるべきことを基本理念として定めるものとする。
4	都市計画は、美しく風格のある国土の形成と潤いのある豊かな生活環境の創造に不可欠なものであることにかんがみ、国民共通の資産として、現在及び将来の国民がその恵沢を享受できるよう、その整備及び保全が図られなければならないことを基本理念として定めるものとする。

［正解：4］
（『都市計画ビジュアルコミュニケーター検定試験 2018 年度版問題集』より）

資格の詳細

http://kashika.or.jp/kentei/

無人航空従事者試験（ドローン検定）[3級]

安全に活用するための第一歩

資格種別	民間資格
認定団体	ドローン検定協会
受検資格	特になし
合格率	70％程度

こんな人におすすめ

公共施設担当・広報担当

資格の概要とメリット

　ドローン検定協会が実施する、ドローンの安全な活用に必要な最低限の知識を身につけることができる検定です。区分は4級から1級に分かれており、公式テキストの内容（基礎知識・専門知識・法令）が問われます。試験は年6回（1級は年3回）実施され、全国各地の試験会場で受検が可能です。

　さまざまな業界がドローンを活用し始めている昨今、ドローンにかかわる技術と知識を持つ人間は貴重な存在です。公務員が担う多種多様な業務において、ドローンの利活用イメージが膨らむ職員は多いのではないでしょうか。

　ドローン検定は、取得によって飛行行為が許可される資格ではありませんが、ドローンを飛ばすための基礎的なルール

や知識を得られるため、今後ドローンの活用を目指す方にとって入門的な資格となっています。

 取得した人の声　　　取材協力：田仲俊久さん
取得当時：40代／市区町村職員（課長補佐）／勤続9年

点検業務の効率化にとどまらず　　　"
多方面で活用できる技能

取得しようと考えたきっかけ

橋梁の点検において、普段視ることが難しい場所を簡単に点検できないかと考えたことがきっかけです。
当市では、委託業務の法定点検以外に技術職員による簡易点検を実施しています。やるからには中途半端ではなく高所作業車や脚立を用いて簡易点検を実施していましたが、ある日「ドローンの方が早くて楽じゃないか」と思い、実際にドローンを購入して飛行させるためにはどうしたらよいのかを調べるなかで、まずは基礎的なルールや知識を得ようと思い、受検を決めました。
広報関係でも市の魅力やイベントを動画配信も可能となることから、担当者級のうちに取得すると効果は大きいです。

取得しようと考えたきっかけ

対策本を購入してから受検まで2カ月程度でした。まず対策本を一通り読んだ後、過去問を勉強できる複数のウ

ェブサイトで過去問演習にひたすら取り組みました。分野別で正誤も表示されるため、苦手分野がどこかすぐにわかり、対策しやすかったです。

取得後の変化

自分で安価なドローンを購入し、自宅のリビングや体育館、広場などで管理者の許可を得て操縦の練習をしました。国土交通省の飛行許可を得る際に10時間以上の飛行経歴が必須となるため、オリジナルの飛行実績表の作成をお勧めします。

飛行許可申請（私は茨城県内の包括飛行許可期間1年）では、ドローン検定3級の証明書を添付することでスムーズに許可が交付された印象がありました。

また、当初からの目的であった点検のほかに、道路整備予定地を空撮してナレーションを加えて作成した動画を用いた地元住民への説明や、工事全体の進捗状況把握において利用しています。

ドローンを用いて説明等を行うと、上手くまとまりやすくなります。また、ほかの部署からの相談も増え、自身のやりがいも向上しています。

 資格の詳細

https://drone-kentei.com/

G 検定

AI ディープラーニング活用のためのリテラシー

資格種別	民間資格
認定団体	一般社団法人日本ディープラーニング協会
受検資格	特になし
合格率	非公開

 こんな人におすすめ

すべての公務員

 資格の概要とメリット

　一般社団法人日本ディープラーニング協会が実施する、AIディープラーニング活用のためのリテラシーを有しているかどうかを確かめる検定試験です。AIが活用されるこれからの時代に必要な知識が出題範囲です。試験はオンラインで年に3回行われ、参考書等を見ながら回答することは禁止されていません。

　AIディープラーニングの活用リテラシーはDX時代の現代において必須能力です。公務員も例外ではありません。本検定は、デジタル社会におけるデジタルを"使う人材"となるすべての人に向けた検定であり、文系の多い公務員にとってもAIリテラシー習得に向けた手始めとして、最適な資格です。

取得した人の声

AI に関して外部の専門家とも
臆することなく協議できる自信がつく

"

取得しようと考えたきっかけ

職場で、DX を推進する部署に入ったことがきっかけです。
周りの職員がすでに習得していたことから受検しました。
また合格率が高いこと、参考書などが充実していること、
高度な数学力が求められないことも後押ししました。
資格取得に要する時間があまり必要でないこと、特別な
数学的素養がなくても、問題が解けることから、どんな
タイミングでも受けたいと思ったときに始めるのが良いと思
います。

取得にかかった時間や試験対策の工夫

参考書を購入してから受検まで2カ月程度でした。50
時間程度の勉強時間だったと思います。まず参考書を読
み込み、その後問題集をひたすら解きました。試験中に
参考書等を見ることは禁止されていないため、本を何度
も読み込むことで、どこに何が書いてあるのか把握でき
るようにしました。

取得後の変化

取得したことで、AIリテラシーを獲得することに成功しました。何よりも大きいのは自信です。ものや人をAIにより不審な点を判別する機能を導入するなどAI化を推進する仕事がありました。その際に、業者との協議は欠かせません。資格を持っていたことで、経験や技術的な知識が勝っている相手に対しても臆することなく意見ができ、よりスムーズにプロジェクトを推進できました。

問題にチャレンジ！

以下の文章を読み、空欄に最もよく当てはまる選択肢をそれぞれ1つずつ選べ。

第一次AIブームは1950年台に起こった。この頃に人工知能と呼ばれたプログラムは（ア）をもとに問題を解いていた。特に、1996年にIBMが開発した（イ）は、チェスの世界チャンピオンであるガルリ・カスパロフに勝利したことで有名である。しかし、ルールや設定が決まりきった迷路やパズルゲームなどの（ウ）と呼ばれる問題しか解けないという課題があったために、研究は下火になった。

（ア）	1. 知識表現	2. 表現学習	3. 機械学習	4. 探索・推論
（イ）	1. Deep Blue	2. Bonkras	3. Ponanza	4. Sharp
（ウ）	1. A/Bテスト	2. パターンマッチング	3. トイ・プロブレム	4. ダートマスワークショップ

［正解：ア＝1／イ＝1／ウ＝3］
（一般社団法人日本ディープラーニング協会　ホームページ【G検定の例題】より）

資格の詳細

https://www.jdla.org/certificate/general/

ビジネス・キャリア検定 [3級 人事・人材開発]

人事業務の総合的な知識を身につける

資格種別	民間資格
実施団体	中央職業能力開発協会
受検資格	特になし
合格率	60％程度

 ## こんな人におすすめ

人事担当

 ## 資格の概要とメリット

　中央職業能力開発協会が実施するビジネス・キャリア検定試験の試験区分の1つで、優れた仕事のできる人材の実務能力を客観的に評価する試験です。区分は3級から1級に分かれており、標準テキストの内容と応用力を問われます。試験は年2回（1級は年1回）行われ、47都道府県で受検できます。

　公務員の昇格は基本的に年功序列ですから、一般的な企業とは異なるイメージを抱くかもしれません。しかし、世の中の多くの企業などで用いられる人事制度や人材開発のあり方には、公務員にも参考になる部分が多々あります。

例えば、副業・兼業などは国が後押しする制度として民間企業では進んでいますが、公務員ではまだまだ遅れています。しかし間違いなく今後は公務員でも副業・兼業を制度として取り入れることになります。そんな副業・兼業のメリットや法律上の留意点などを学んで押さえることができれば、個人にとっても組織にとっても有効です。

人事部門で働いている人はもちろん、人事部門を志す人にとっては異動希望の説得材料にもなるでしょう。その他の部署で働く公務員にとっても、視野を広く持つことができ、日々の仕事の中に新たなひらめきやモチベーションが生まれることでしょう。

 ## 取得した人の声

取材協力：H.K さん
取得当時：30代／市区町村職員（主事）／勤続 9 年

> ## 役所で勤務する意義の理解や
> ## モチベーションアップにつながる

取得しようと考えたきっかけ

ビジネス・キャリア検定の営業分野は、民間企業で営業職に就いていたときにすでに取得していました。
その後、公営企業に行政委員会、そして地区の公民館と、いわゆる市長部局以外を転々とするなかで、本庁の管理部局（特に人事部門）で働いてみたいという思いが強くなってきたのが、受検のきっかけでした。

取得にかかった時間や試験対策の工夫

勉強は1日2時間程度、合計70時間程度で合格できました。使用したのは検定試験の実施主体が発刊している標準テキストで、大学の授業の板書を取る感覚で自分なりに重要だと思うポイントをノートに整理しながらテキストを読み進めました。

完成した自分流のノートを繰り返し読み込み、人に詳しく説明できないなと感じた箇所（理解が足りていない箇所）をテキストに戻って復習する、といった方法で学習を進めました。

取得後の変化

市役所に転職後、異動を繰り返す中で、どのようにキャリアを形成してゆくのかが見えなくなっていました。

しかし、この検定で民間企業の人事管理や人材開発の動向を学んだことで、市役所においてもキャリア形成が可能であることを理解し、仕事へのモチベーションが向上しました。また、組織から見た個人のあり方を理解することができ、自分を俯瞰的に見ることができるようになり働き方が変わりました。

過去問にチャレンジ！

CDP（キャリア・デベロップメント・プログラム）に関する記述として適切なものは、次のうちどれか。

ア	CDP を適切に運用するには、社員個人についての情報の充実が不可欠であり、自己申告制度やスキルインベントリーは、そのための有力な仕組みである。
イ	CDP の実施に当たっては、その基本は人事部門が主体となり、社員個人の能力、適性、希望に応じて、面接やカウンセリングが行われるべきである。
ウ	CDP におけるローテーションは、会社が長期的な観点に立って、社員を育成するために行うものであることから、社内公募制度のように、個人の意思で新職務に挑戦することは、CDP には含まれない。
エ	CDP の一方策として、コア人材を重点的に選抜して育成することは、教育の機会均等原則に外れることから、人事管理上好ましくない。

[正解：ア]

（令和 2 年度後期　ビジネス・キャリア検定　3 級 人事・人材開発　問題 32 より抜粋）

資格の詳細

https://www.javada.or.jp/jigyou/gino/business/

メンタルヘルス・マネジメント® 検定 [III種]

自分のメンタルの守り方を身につける

資格種別	公的資格
認定団体	大阪商工会議所
受検資格	特になし
合格率	80%程度

こんな人におすすめ

すべての公務員

資格の概要とメリット

　メンタルヘルス・マネジメント®検定試験は、働く人の心の不調の未然防止を目指し、職場内での役割に応じて必要なメンタルヘルスケアに関する知識を習得するものです。

　地方公務員は、3年程度で異動するため、職務や人間関係が大きく変化します。それにともない、メンタルに不調を来たす職員も珍しくありません。また、職務を遂行していくにあたっては、自身の精神面にも配慮することが必要です。本資格の取得を通じて、精神に不調をきたした際に活用できる情報など自身のメンタルヘルスに必要な知識を学ぶことができます。

自分を守ることにつながり、繊細な人にこそおすすめ

取得しようと考えたきっかけ

自分のメンタルケアの方法を知ることと、勉強しやすい資格であったということがきっかけです。同期や他部署の人がメンタル不調になったという話を聞き、「激務の部署や人間関係で苦労する場面にも出くわすかもしれない、そうなれば自身のメンタルもいつ不調をきたすかわからない」と思うようになりました。

そこで、メンタルヘルスについて基本的な知識を習得することで、メンタルの不調を予防したいと考え、本検定を受検しました。自身のメンタル不調の予防に有益ですので、早めに取得しておいて損はないです。何かを得られるというより、自分を守ることにつながりました。繊細な人こそ、取得する価値があります。

取得にかかった時間や試験対策の工夫

1 週間で 10 時間程度、おおむね 80 時間の勉強時間でした。公式テキストを読み、読んだ単元ごとに過去問題集を解いていくとよいでしょう。私の場合、そのサイクルを 1 周回し、その 1 週間後、その 1 カ月後と反復して取り組むことで、知識を定着させました。

取得後の変化

どんなときにストレスがたまるのかを学ぶことができ、自身のメンタルに配慮することで、不調をきたすことなく働き続けられています。また、自分と他人、両方の立場を学べたことで、相手の気持ちに配慮して仕事を進められるようになりました。

また、メンタルヘルスに関する基本的な知識を学んだことが契機となり、行動心理学に興味を持つようになりました。例えば「空き家バンク」の担当業務でも、空き家の所有者に対してどのような情報を伝えれば、物件を掲載してもらえるかを意識するようになりました。

過去問にチャレンジ！

自己管理としてのメンタルヘルス不調の早期対処に関する次の記述のうち、最も適切なものを一つだけ選び、解答用紙の所定欄にその番号をマークしなさい。

① | ストレスの現れ方は、まず「気分が乗らない」「少し落ち込んでいる」などの気分の面に現れ、次に微熱や食欲不振などの身体面に現れる。

② | メンタルヘルス不調は、心理的な分野であるだけに発症の状態が第三者に分かりやすいという面がある。

③ | メンタルヘルス不調の初期の段階では、それが単なる一過性の心の反応なのか、すでに病的レベルの問題であるのかの区別はつきやすい。

④ | メンタルヘルス不調については、独力で解決できる問題は多くないので、友人や家族、産業医など、第三者の協力を得ることが必要である。

[正解：④]

（Ⅲ種（セルフケアコース）第 27 回より）

資格の詳細

https://www.mental-health.ne.jp/apply/

雇用環境整備士 [第Ⅱ種]

組織の内側から声を発し職場環境を整備する

資格種別	民間資格
認定団体	一般社団法人日本雇用環境整備機構
受講資格	特になし
合格率	95％

こんな人におすすめ

人事担当・障がい福祉担当

資格の概要とメリット

　一般社団法人日本雇用環境整備機構（以下、「機構」）が認定する資格で、育児・障がい・エイジレス（満35歳以上）・学生・外国人といった就業困難者の雇用を促進するために、組織の雇用環境を整備できる専門知識者です。機構が開催する講習会のいずれか1科目以上を受講することで、雇用環境整備士に認定されます。認定種別には、第Ⅰ種（育児者雇用）、第Ⅱ種（障がい者雇用）、第Ⅲ種（エイジレス雇用）、第Ⅳ種（学生雇用）、第Ⅴ種（外国人雇用）があります。

　資格取得後は、育児・障がい・エイジレス等の雇用促進に努めている者として「雇用環境整備士名簿」に登録され、機

構ホームページにて国民に広く周知されます。この資格は生涯資格として有効期限はないので、将来的に雇用環境整備の専門知識者として活躍並びに PR できます。令和 3 年末時点では資格者数は延べ 1 万人を超え、全国の行政庁や各企業の中で職場環境整備のため雇用環境整備士が活躍しています。

男性の育児休業義務化、障害者法定雇用率の引き上げ、定年延長など公務員に関する制度は大きく変化しています。雇用環境の整備については、人事担当課だけでなく、育児者・障がい者・高齢者と同じ職場で一緒に働く職員も知っておくべき知識であるといえます。

 取得した人の声

取材協力：大橋志帆さん
取得当時：40 代／市区町村職員（係長代理）／勤続 25 年

働きづらさを抱える人たちを 　　　　　　''
支えるために

取得しようと考えたきっかけ

国保担当時に育児や介護、障がいなど、様々な事情により仕事を辞めざるを得ない方々を見てきました。その中には、職場の制度や体制が整っていれば辞めなくても済んでいた人もいました。

また、私は両親が共働きだったため、働くことによる生きがいや人の役に立つことなど働くことの意義を強く感じ育ってきました。このような中で、常々働きづらさを抱える人たちへの就労支援に強い関心を持っていたのです。

2016 年、雇用対策を担当する部署に異動し、労働局と市の雇用対策協定に基づく就職支援窓口を担当した際に、雇用環境整備士資格取得講習会のチラシを拝見しました。雇用環境整備士の"組織の内側から声を発して職場環境を整備する"という趣旨に魅力を感じて受講を決めました。

取得にかかった時間や試験対策の工夫

講習を受ければ資格取得できるため、事前準備や試験対策は不要です。講習時間は、会場開催・e ラーニングともに 4 時間程度です。

取得後の変化

現在、障がい者雇用創出事業担当として、市内事業所への啓発活動をする立場にあります。第 II 種資格取得により、障がい者雇用の関係法律を理解することができました。また啓発するにあたって、何が課題で、どう取り組めばよいかということも学びました。

これらの知識を活かして、市内事業者への啓発セミナーや情報交換会を企画することができました。資格取得していなければ、何をどのように取り組めばよいかを手探りで始めなければならず、非常に効率が悪かったと思います。

また、市役所内の障がい者雇用において、障がい者が働きやすい雇用環境の整備に対して人事課や障がい福祉課

と一緒に取り組んでいます。今後は、資格取得者同士の
情報交換に参加し、学び続けていきたいと思います。

 ## 過去問にチャレンジ！

次の文章につき、正しい場合は○、誤っている場合は×を選びなさい。

1	専業主婦と共働き世帯とが逆転したのは 1970 年である。
2	妊産婦を有害な業務に就かせてはならないが、重い荷物を持つ業務もこれに含まれる。
3	障害者の合理的配慮の実現を試みる場合、当事者が申し出た要望をすべて叶えなければならない。
4	職場において障害をもつ従業員への虐待と疑われる行為を見かけた場合、発見者には通報義務がある。

[正解：1 ＝ × ／ 2 ＝○／ 3 ＝ × ／ 4 ＝○]

（令和 3 年度試験問題より）

※筆者の予想回答です。正誤は講義内で各自ご確認ください。

 ## 資格の詳細

http://www.jee.or.jp/workshop/eei_workshop.html

衛生管理者 [第一種]

快適な職場環境をマネジメントしよう

資格種別	国家資格
認定団体	公益財団法人安全衛生技術試験協会
受験資格	大学（短期大学を含む。）等を卒業した者で、その後1年以上労働衛生の実務に従事した経験を有する者等
合格率	約45%

こんな人におすすめ

人事担当・庶務担当

資格の概要とメリット

　公益財団法人安全衛生技術試験協会が実施する国家試験です。職場の災害防止や快適に仕事ができるような環境の改善のための知識を習得します。第一種は全業種を対象とします。

　試験では、労働衛生等の法律の知識が問われます。組織の安全衛生や福利厚生について担当する人事担当部署や庶務担当部署では、衛生管理者の資格所持者が、知識を活かして活躍する場が多くあります。

取得した人の声

取得者：庄田秀人
取得当時：20代／市区町村職員（主事）／勤続6年

裁量と責任ある仕事を任された ""

取得しようと考えたきっかけ

人事担当部署に配属されたときに、上司に取得を勧められたことがきっかけです。また、加入している石川県市町村職員の福利厚生協会から、勉強会の受講費用や受験料も負担してもらえたので、取得の後押しになりました。

取得にかかった時間や試験対策の工夫

1カ月程度勉強しました。1日1時間から2時間程度で合計30時間から40時間程度勉強しました。過去問を解き、解説を見て理解することを繰り返しました。

取得後の変化

庁内の安全衛生委員会における衛生管理者に選任され、企画立案や職場の安全衛生に関わる業務等を任されました。その中で、大学の臨床心理士の教授と協力して、メンタルヘルス対策システムを構築しました。裁量と責任のある仕事を任されたことにより、成長できました。

資格の詳細

https://www.exam.or.jp/exmn/H_shinsei.htm

技術士補

スペシャリストへの第一歩

資格種別	国家資格
認定団体	文部科学省
受験資格	特になし
合格率	50％程度

 こんな人におすすめ

技術系公務員

 資格の概要とメリット

文部科学省の所管する国家試験で、文部科学省から指定を受けた指定試験機関である公益社団法人日本技術士会が実施する試験です。「科学技術に関する技術的専門知識と高等の専門的応用能力および豊富な実務経験を有し、公益を確保するため、高い技術者倫理を備えた、優れた技術者の育成」を図るための国による資格認定制度です。

建設部門や上下水道部門など、20の技術部門があります。技術士第一次試験に合格後、技術士補の登録を行うことで、技術士を補助する技術士補になることができます。また、登録しない場合でも、修習技術者として所定の実務経験を積んだ後に、技術士第二次試験の受験資格を満たすことができる

資格です。試験は年1回行われます。主要都市（全国12都市）に試験会場が設けられているため、希望する都市で受験することができます。

近年では技術系公務員の定年退職や、新規職員の採用が少なくなっている状況から、技術系公務員の不足が懸念されています。たとえ事務系公務員であっても技術系の業務を担当するケースもみられるようです。こうした状況から、技術的知識を持つ公務員のニーズが高まっています。

この技術士補は、取得しなければ業務ができないといった資格ではありません。しかし、専門科目を深く、そして技術部門全体を横断的に学ぶことで、効率的かつ効果的に業務で用いる技術的知識を深めることができます。技術系の担当課で働く方々は、業務の中で適切な判断を求められるケースが多々ありますが、その際、この資格の勉強により得た知識は大いに役立ってくれるでしょう。

 取得した人の声

取材協力：鈴木孝男さん
取得当時：30代／市区町村職員（主任）／勤続5年

技術系公務員の選択肢を 広げてくれる資格 ”

取得しようと考えたきっかけ

入職して5年目となり、技術力の客観的な評価と、体系的な知識を学びたいと思ったのがきっかけです。当時、水道管路の移設工事や漏水修繕などの維持管理業務を担当していました。そこで、経験年数とともに担当する業務については詳しくなるものの、関連する業務について

理解不足を痛感し、上下水道全体のことを広く、体系的に学ぶ必要があると思い受験を決意しました。

技術系の職場に配属されてからなるべく早く取得すると、業務理解も早まるのでおすすめです。

取得にかかった時間や試験対策の工夫

勉強時間は、1日2時間程度で受験まで6カ月程度でした。対策本は、基礎・適性科目で1冊、専門科目で1冊を購入しました。まず対策本を一通り読み、ひたすら過去問演習を行いました。適性科目については合格点が取りやすいので、まず過去問を解いてみて、苦手意識がないようでしたら、基礎科目や専門科目へ重点的に時間を配分するのがおすすめです。

取得後の変化

取得後は、水道管路だけでなく、浄水場や配水場等の水道施設の整備事業に携わる機会に恵まれました。そこでは、将来を見据えた水道施設の計画や設計について、水道コンサルタントの方々と幅広い技術的な検討を行う機会が多くありました。

責任の大きい業務に不安もありましたが、この資格の勉強により上下水道の分野を体系的に学んでいたため、自信を持って技術的な意見を述べることができました。

その結果、配水池の更新事業では、配水池の構造や規模の見直しを行うことで、事業費を当初計画の約15億円から約10億円に抑えることができました。現場での業

務経験と資格取得の際に身につけた知識がなければ実現できなかったと思います。

私はこの技術士第一次試験に合格後、技術士としてより社会に貢献していきたいと考え、技術士第二次試験に挑戦することを決意しました。現在、令和3年度技術士試験に上下水道部門で合格し、新たに建設部門の勉強を開始しています。技術系公務員の選択肢を広げてくれる資格ですので、意欲のある技術系公務員の方は取得を目指してみてはいかがでしょうか。

 ## 過去問にチャレンジ！

地下水に関する次の記述のうち、最も不適切なものはどれか。

① 上水道事業と水道用水供給事業の年間取水量のうち、地下水の割合は 1/4 ～ 1/5 程度である。

② 不圧地下水は、帯水層が難透水性の地層に挟まれており、その取水施設を深井戸という。

③ 海岸に近い地域の地下水の取水は、塩水化のおそれがあるため、揚水水位を海水面付近まで下げないような十分な配慮が必要である。

④ 地下水は、汚染された場合、人為的に回復することは難しい。

⑤ 地質的な自然由来や汚水の地下浸透によって、地下水には硝酸態窒素及び亜硝酸態窒素が含まれる場合がある。

[正解：②]

（令和3年度　技術士第一次試験【III専門科目】試験問題 10. 上下水道部門より）

 ## 資格の詳細

https://www.engineer.or.jp/sub02/

電気工事士 [第二種]

いざという時のトラブルで重宝される技能

資格種別	国家資格
認定団体	一般財団法人電気技術者試験センター
受験資格	特になし
合格率	筆記試験：60％程度 技能試験：70％程度

こんな人におすすめ

施設管理担当

資格の概要とメリット

　一般財団法人電気技術者試験センターが実施する、電気工作物の電気工事に従事することができる資格です。筆記試験と技能試験があり電気工作物の保安に関して必要な知識と技能が問われます。試験は各都道府県で年2回行われます。

　庁舎管理担当はもちろんのこと、イルミネーションや夜間に行うイベントを担当する部署では、仮設の電気工作物を設置することが多いです。基本的には民間事業者に発注し、設置していますが、適切に設置されているかの確認を怠ると、来場者に被害を与えてしまいます。

　いざというときのトラブルのなどに対応できる、基本的な

保安のための知識を身につけたい人にとって、取得メリットの大きい資格といえるでしょう。

 取得した人の声

取材協力：矢島寛記さん
取得当時：10代／入庁前

小さな電気トラブルなら 自力で解決でき、頼られるスキル ''

取得しようと考えたきっかけ

興味があって、学生の時に取得した資格です。しかし、地方公務員でも必要とされる機会は多いです。例えば、イルミネーション事業の担当課の方が、イルミネーション実施中のトラブルが多いことから取得した例も耳にします。興味がある方はいつ取得しても良いでしょう。外部施設に配属され、照明器具が壊れた場合、消耗品等を購入すれば自身で接続作業もできます。修繕依頼するよりも低コスト・短時間で実施できます。

取得にかかった時間や試験対策の工夫

筆記試験は過去問を中心に、空いた時間に少しずつ行い、試験1カ月前から集中して取り組みました。技能試験は工具とDVD付模擬試験セットを購入し、数回練習しました。近年受験した方はYouTubeで視聴し、作業方法を覚えたと聞いています。

取得後の変化

担当業務でありませんが、イルミネーションを担当する課で漏電などのトラブルがあったときに、私が電気工事士の資格を持っていることから、対応方法をよく相談されます。資格取得の有効性が実感できたことから、現在でも業務に関係する資格の取得に努めています。また、私が電気工事士の資格を取得し活かしていることを知った職場の方も、資格を取得して自らの業務に活かしています。

 ## 過去問にチャレンジ！

電気工事の種類と、その工事で使用する工具の組合せとして、適切なものを選べ。

イ	金属線ぴ工事とボルトクリッパ
ロ	合成樹脂管工事とパイプベンダ
ハ	金属管工事とクリックボール
ニ	バスダクト工事と圧着ペンチ

[正解：ハ]

（第二種　令和4年度上期　問題1.13 より）

 ## 資格の詳細

https://moshikomi-shiken.jp/ecee/landing/

交通心理士補

交通の諸問題に携わる実務家

資格種別	民間資格
認定団体	日本交通心理学会
受験資格	日本交通心理学会に入会し事前講習会を受講
合格率	90％程度

 ## こんな人におすすめ

運転業務担当

 ## 資格の概要とメリット

　日本交通心理学会が、社会的な活動・貢献を志す、基準以上の業績のある学会員に対し、本人の希望により一定の手続き・審査を経て「交通心理士」の認定を行うものです。認定「交通心理士」の資格には、「主幹総合交通心理士」「主任交通心理士」「交通心理士」及び「交通心理士補」の４つがあります。

　「交通心理士補」の認定試験を受ける場合は、事前に日本交通心理学会に入会し事前講習を受講する必要があります。学会入会に際し、紹介者（会員歴３年以上）がいなければ入会申込書を提出後、電話にて面接があります。認定試験は年

1回行われます。

　資格取得により、運転する方や歩行者などの「こころ」と「行動」を理解できます。そのため、このような知識を活かして運転者教育の指導を適格に行うことができるようになります。国内500名を超える交通心理士が在籍しており、安全運転に関し、意見交換できることがメリットです。

　また、心理学関連の学位を有する方は無試験で交通心理士補に認定される場合があります。

 取得した人の声　取材協力：清家真幸さん
取材当時：40代／市区町村職員(上級自動車運転手)／勤続20年

資格で得たコーチング理論で 乗務員に安全運転を教育 ''

取得しようと考えたきっかけ

　乗務員を指導する立場になって、運転適性検査を実施することになり、運転適性検査指導資格者の資格を取得しました。
　この資格で得た知見をさらに深めようと日本交通心理学会に入会し、交通心理士補資格を取得しました。基本的には異動がない私のような労務職には、継続したスキルアップが必要であり、またそれが可能な環境でもあるため、この資格を取得し、さらに上位資格を目指すことは有意義です。

取得にかかった時間や試験対策の工夫

入会時期によりますが、半年〜1年で交通心理士補の資格取得は可能でしょう。試験については、事前講習を真剣に受講していれば合格できます。

取得後の変化

この資格を取得している市町村職員は、他にいません。乗務員への教育に際し、資格で得たコーチング理論を活用し、自信をもって対応することができるようになりました。また、資格のネットワークを活かし、交通心理士である教習所指導員からアドバイスをいただき、乗務員の指導を行ったこともあります。

 資格の詳細

https://www.jatp-web.jp/?page_id=127

土地改良換地士

ほ場整備の基礎知識

資格種別	国家資格
認定団体	農林水産省
受験資格	特になし
合格率	35.0%（令和3年度）

こんな人におすすめ

農地整備担当・用地取得担当

資格の概要とメリット

　農地整備事業担当課職員が、事業の地元説明を行う際に役立つほか、民法、不動産登記法、戸籍法、農地法等、測量の学習が必要であるため、用地取得関係の担当者にとっても役立つ国家資格です。農用地の集団化に関する事業に係る知識及び実務について試験が行われます。

　換地処分に係る実務（換地計画の認可及び換地計画作成に係る指導事務を含む）に、試験実施の公告の日までに通算して10年以上従事した経験があれば、実務に関する試験の免除を申請することができます。ただし、この換地処分に係る実務とは、換地計画書の作成、代位登記申請及び換地処分登記申請に関する事務のすべてを含むものでなければなりません。

取材協力：東田修さん
取得当時：30代／都道府県職員（係長）／勤続13年

自信を持った即座の回答が
住民の方との信頼関係を作る

取得しようと考えたきっかけ

石川県土地改良事業団体連合会換地課に1年間人事異動となったため、資格試験を受験しました。

私と同様に県庁から異動になった前任の職員は、この資格を取得していました。そんなこともあり、私も取得しておいたほうがいいのかなと思ったことが取得のきっかけです。

取得にかかった時間や試験対策の工夫

土地改良換地関係の座学中心の研修に一定期間参加しました。その後、そのテキストで学習しました。民法については、宅建のテキスト、問題集で理解を深め、過去問に取り組みました。試験前の約3カ月を学習に費やし、合計100時間程度勉強したと思います。

取得後の変化

ほ場整備事業の地元説明会において、地元の農家の方から自分の土地の権利について、よく質問があります。そ

んなときも、資格の知識を活かして、即座に答えることができました。この資格を持っていなければ、一旦持ち帰って後日回答するなど、時間を要していたと思います。即座に自信を持って回答できたことで、住民の方との信頼関係を得ることができ、その後の業務もスムーズに行うことができました。

過去問にチャレンジ！

相続に関する次の文章中、アからエまでの空欄に埋まる字句の最も適当な組合せはどれか。

> Aには妻Bと、Bとの間に嫡出子D、Eがおり、さらに、内縁の妻Cと、Cとの間にAが認知した非嫡出子F、Gがいる。DとFに子はおらず、Eには子Hがおり、Gは子I、Jを残して死亡している。
> Aが遺言をせずに2,400万円の遺産を残して、令和3年4月1日に死亡した場合における遺産の相続について、法定相続分に従って算定した相続人の具体的相続分は、Dにつき、アであり、Fにつき、イであり、Hにつき、ウであり、Iにつき、エである。

1	ア）200万円	イ）200万円	ウ）　0円	エ）100万円
2	ア）200万円	イ）200万円	ウ）100万円	エ）100万円
3	ア）300万円	イ）300万円	ウ）　0円	エ）150万円
4	ア）400万円	イ）100万円	ウ）100万円	エ）200万円

[正解：3]

（農林水産省　土地改良換地士資格試験ホームページ令和3年度試験　知識A-1問11より）

資格の詳細

https://www.maff.go.jp/j/nousin/kikaku/kantisi/

行政書士

公務員としての基礎体力アップにも

資格種別	国家資格
認定団体	総務省
受験資格	特になし
合格率	約 10%

こんな人におすすめ

法規担当

資格の概要とメリット

　　行政書士は、行政機関に提出する許認可等の申請書類や契約書の作成の他、行政不服申立ての手続の代理等も行います。

　　公務員として 17 年（中学校卒業程度の場合は 20 年）行政事務に携わって勤務すると、無試験で行政書士の資格を取得できるメリットもあります。

　　公務員は、住民からの申請を受けて許可（不許可）をしたり、住民に税を課したり、命令したりする業務を扱うことがあります。またそれに対して、不服申立てがされたり、場合によっては、裁判を起こされたりすることもあります。

　　そこで、法令の知識、特に行政法分野の知識は欠かせません。もちろん契約や相続といった民法の知識や、政治経済な

どの一般常識も必要です。行政書士試験に向けた勉強は、公務員に必要な幅広い知識を身に付けるうえで役立ちます。

取得した人の声

取材協力：磯田昌宏さん
取得当時：20代／市区町村職員（主事）／勤続7年

> ## 関連する法律の理解につながる土台ができた

取得しようと考えたきっかけ

私は大学で法律を学びましたが、公務員になってからも、改めて学び直さなければと思っていました。そこで目を付けたのが、行政関係の分野で幅広く関連する法律が関わる資格である行政書士試験でした。試験勉強をすることで、憲法や行政法などを体系的に学び直すことができる上、新たな知識も得ることができました。

取得にかかった時間や試験対策の工夫

少しずつ勉強し、1年くらいかけて対策しました。
勉強法としては、まず過去問を解いてみて、問題の傾向やレベルを掴むことからはじめました。そのうえで、問題集を解き、参考書や六法などで関連する分野を調べながら、勉強していきました。中でも、主に一問一答の問題集を利用し、苦手な分野を繰り返し解くことで、知識を定着させていきました。

取得後の変化

入庁後に学生時代に勉強した知識を実務に活かすことができませんでした。しかし、実務で活かす場面を具体的に想像しながら、改めて学んだことで、実務と知識が結びつき、活かすことができました。

合格後に法規担当になり、庁内の法律相談や審査請求、裁判に携わったりしていますが、体系的に学び直していてよかったです。

資格を取得したことで、行政に関する法律の知識の土台となるものができ、関連する法律などがすぐに理解できるようになりました。資格を取得していなければ、断片的な知識は理解できたとしても、土台がないのですぐに忘れてしまい、活かすことができなかったと思います。

過去問にチャレンジ！

理由の提示に関する次の記述のうち、行政手続法の規定または最高裁判所の判例に照らし、妥当なものはどれか。

1	行政庁は、申請により求められた許認可等の処分をする場合、当該申請をした者以外の当該処分につき利害関係を有するものと認められる者から請求があったときは、当該処分の理由を示さなければならない。
2	行政庁は、申請により求められた許認可等を拒否する処分をする場合でも、当該申請が法令に定められた形式上の要件に適合しないことを理由とするときは、申請者に対して当該処分の理由を示す必要はない。
3	行政庁は、理由を示さないで不利益処分をすべき差し迫った必要がある場合であれば、処分と同時にその理由を示す必要はなく、それが困難である場合を除き、当該処分後の相当の期間内にこれを示せば足りる。
4	公文書の非開示決定に付記すべき理由については、当該公文書の内容を秘匿する必要があるため、非開示の根拠規定を示すだけで足りる。
5	旅券法に基づく一般旅券の発給拒否通知書に付記すべき理由については、いかなる事実関係に基づきいかなる法規を適用して拒否されたかに関し、その申請者が事前に了知しうる事情の下であれば、単に発給拒否の根拠規定を示すだけで足りる。

［正解：3］

（令和3年度　問題12より）

 資格の詳細

https://gyosei-shiken.or.jp/doc/guide/guide.html

社会保険労務士（社労士）

人事労務・社会保険分野のスペシャリスト

資格種別	国家資格
認定団体	厚生労働省
受験資格	4年制大学の卒業者等（詳細は公式ウェブサイトを参照）
合格率	8％程度

こんな人におすすめ

人事担当・年金担当・庶務担当

資格の概要とメリット

　全国社会保険労務士会連合会試験センターが試験事務を実施する、人事労務・社会保険の国家資格です。8月下旬に年1回の試験が行われます。

　社会保険労務士（社労士）の取得は、社会保険の知識が必要とされる部署が多い公務員にとって有利です。特に庶務担当部署や年金担当部署では必須の知識なので、これらの部署に配属されたい方にとってアピールになります。

　また人事のスペシャリストの資格でもあるので、人事担当部署に配属されたい方にとって格好のアピール材料になります。人事制度や研修計画などに携わることで、社労士の知識

のスキルアップを図ることができ、組織でもオンリーワンになれるでしょう。

　また国や地方公共団体の公務員として労働関係の法律や社会保険の法律に関する業務に一定年数以上従事したことが認められると、科目ごとに免除を受けることができます。例えば市役所の国民年金事務担当として通算10年以上の勤務経験があることについて任命権者の証明をもらい、免除申請をし、申請が通れば、国民年金法の問題が免除されます。

 取得した人の声

取得者：庄田秀人
取得当時：30代／市区町村職員（主査）／勤続13年

キャリア形成へのアンテナが高まり　　"
大学生に向けて講演を実施

取得しようと考えたきっかけ

　人事担当部署で勤務していたときに、上司に勧められたことがきっかけです。
　人事のスペシャリストの資格であり、周りにも取得している方がいなかったので、取得できたらかっこいいなという思いを持ちながら勉強していました。

取得後の変化

　この資格の試験の合否は労働関係や社会保険の法律をどれだけ正確に覚えているかでほぼ決まります。実は、人

事関係の実務に関する知識はあまり出題されません。

しかし、社労士は人事の専門家であるため、取得後には自ずと人事関係の実務に関する知識のアンテナが高くなり、知識が身につきます。まさに"資格が人を作る"です。

また、大学の教授と公務員のキャリア形成について話をする機会があり、私が社労士の資格を取得していることを伝えたところ、「大学生に対する公務員のキャリア形成」について特別講演を依頼されました。講演後の評価アンケートでは、5段階中の4段階と高評価であり、公務員のやりがいや魅力を十分にアピールできたのではないかと思います。

そして現在、当市の若手職員に、資格試験の受験を通して、学ぶことの大切さや習慣を伝えるなどして、人材育成に関わっています。ここでもこの資格を取得した経験や知識が大いに役立っています。

過去問にチャレンジ！

我が国の企業における人材マネジメントの変化に関する次の記述のうち、誤っているものはどれか。
なお、本問は、「平成26年版労働経済白書（厚生労働省）」を参照しており、当該白書または当該白書が引用している調査による用語及び統計等を利用している。

A	1990年から2010年までの我が国の就業者の職業構造の変化をみると、生産工程・労務作業者が就業者に占める割合は大きく低下している一方で、管理的職業従事者、専門的・技術的職業従事者やサービス職業従事者ではその割合が上昇している。
B	人材マネジメントの基本的な考え方として、「仕事」をきちんと決めておいてそれに「人」を当てはめるという「ジョブ型」雇用と、「人」を中心にして管理が行われ、「人」と「仕事」の結びつきはできるだけ自由に変えられるようにしておく「メンバーシップ型」雇用があり、「メンバーシップ型」が我が国の正規雇用労働者の特徴であるとする議論がある。
C	企業の正規雇用労働者の管理職の育成・登用方針についてみると、内部育成・昇進を重視する企業が多数派になっており、この割合を企業規模別にみても、同様の傾向がみられる。
D	我が国の企業は、正規雇用労働者について、新規学卒者を採用し、内部育成・昇進させる内部労働市場型の人材マネジメントを重視する企業が多数であり、「平成24年就業構造基本調査（総務省）」を用いて、60歳未満の正規雇用労働者（役員を含む）に占める転職経験がない者の割合をみると6割近くになっている。
E	グローバル化によって激しい国際競争にさらされている業種が、外国からの安価な輸入財に価格面で対抗しようとして、人件費抑制の観点からパートタイム労働者比率を高めていることが確認された。

［正解：E］

（第47回（平成27年度）択一式　労務管理その他の労働及び社会保険に関する一般常識より）

資格の詳細

https://www.sharosi-siken.or.jp

公認会計士

会計・財務分野のスペシャリストへ

資格種別	国家資格
認定団体	金融庁
受験資格	特になし
合格率	8％程度

こんな人におすすめ

財政担当・監査担当・企画担当

資格の概要とメリット

　公認会計士・監査審査会事務局が実施する会計・経営・税務の専門の国家資格です。短答式試験は年2回、論文式試験は年1回行われます。公認会計士試験の受験科目には、簿記や税務に関する内容のほか、法務に関する内容や経営企画に関する内容も含まれます。取得できれば、財政、監査、会計に関する部署の専門職としての活躍が期待されます。

　また、「（前略）国、地方公共団体その他の内閣府令で定める法人において会計又は監査に関する事務又は業務のうち内閣府令で定めるものに従事した期間が通算して7年以上である場合、短答式試験の財務会計論の科目が免除」される規定もあり、経験次第では公務員にとって有利に取得可能な資格

となっています。

 ## 取得した人の声

取材協力：山本享兵さん
取得当時：20代／入庁前

公認会計士と公務員の
仕事の相性はとても良い

"

取得しようと考えたきっかけ

　私の場合は、公認会計士資格を取得して監査法人で10年程度働いてから市役所に転職しました。公認会計士の資格を取得しようと考えたきっかけは、大学時代に身近にこの試験に取り組む友人が多かったことです。また、幅広く経営に関するスキルが身につくという点でもとても魅力的な資格であると感じていました。

取得後の変化

　公認会計士試験は、医師国家試験、司法試験に並んで称される最難関国家試験であることもあり、それに合格し、公認会計士という資格を持っていることで、非常に高い社会的信用力を得ることができました。
　私は、ご縁があって和光市役所に転職しました。試験合格をした同期の多くも最初に入所した監査法人から転職して、それぞれのフィールドで活躍しています。それが可能となる背景には、専門性もさることながら、この社会的信用力が生きていると思います。

和光市役所に転職してからの最初の配属は財政課でした。公会計制度改革などの民間の簿記に関する知識を期待されてのものでしたが、公認会計士として培った財務に関する考え方は、通常の財政課の予算編成事務・決算事務などにおいても役立ちました。

公認会計士としての経験や知識を活かして、取り組んだものの一つとして、「予算仕訳」があります。各所管課が通常どおりの予算執行を進めれば、自動的に複式簿記の仕訳ができるような仕組みを構築しました。通常の事務に溶け込ませることで、負担感なく取り組むことができるようになりました。

また、規則を改正し、決裁権限者の範囲を削減しました。これにより、財務事務の決裁を年間5,000件以上削減することができました。「経営者が自分の決裁権限を持ちすぎていないかどうか」「ちゃんと現場に権限が下りているかどうか」というのは、公認会計士として基本の確認ポイントなので、それを実際に実行したわけです。

次の異動では、政策課で経営企画を担当する係長となりました。公認会計士としての経営管理に関する知見は総合振興計画の策定や計画の進行管理の仕事に役立ちました。また、監査論で学ぶ業務フローに関する知見は業務改善などの推進に役立ちました。

現在（令和4年4月現在）は、組織改善プロジェクトチームというプロジェクトチームで、コンプライアンス推進や職場改善の取組を行っていますが、どのような部署においても幅広く役立つスキルが身につきますので、公認会計士と公務員の仕事の相性はとても良いです。

公務員で公認会計士資格を取得して一度転職された方な

どが、また公務員に戻ってくる、というようなキャリア
もおすすめです。

過去問にチャレンジ！

固定資産の減損に関する次の記述のうち、正しいものの組合せとして最も適切な番号を
一つ選びなさい。

ア	減損の兆候となる事象として、資産または資産グループが使用されている営業活動から生ずる損益が、継続してマイナスとなっている場合があるが、この場合の損益には営業上の取引に関連した損益であれば、原価性を有しないものとして損益計算書上は特別損失となった内容も含まれる。
イ	減損損失を認識すべきと判定された資産または資産グループは、その帳簿価額を回収可能価額まで減額する必要がある。ここに回収可能価額とは、使用価値と正味売却価額のいずれか高い方の金額である。使用価値は、資産または資産グループの継続的使用と使用後の処分により生ずると見込まれる将来キャッシュ・フローの現在価値として算定されるのに対し、正味売却価額は、資産または資産グループの時価から処分費用見込額を控除して算定される。
ウ	共用資産の帳簿価額を、関連する各資産グループに合理的な基準で配分したうえで減損損失の認識を判定した場合、当該資産グループについて認識された減損損失は、当該共用資産に優先的に配分し、残額は、帳簿価額に基づく比例配分等の合理的な方法により、当該資産グループの各構成資産に配分する。
エ	連結財務諸表の作成にあたっては、子会社の支配獲得日において、子会社の資産および負債を時価評価するが、当該子会社が直近の決算において固定資産の減損損失を計上している場合には、当該固定資産については減損損失計上後の帳簿価額を時価として採用することができる。

1. アイ　　2. アウ　　3. アエ　　4. イウ　　5. イエ　　6. ウエ

[正解：1]

（公認会計士・監査審査会ウェブページ　令和4年第1回短答式　財務会計論　問題18より）

 資格の詳細

https://www.fsa.go.jp/cpaaob/kouninkaikeishi-shiken/
information.html

税理士

税務分野のスペシャリストへ

資格種別	国家資格
認定団体	国税庁
受験資格	大学、短大卒業者等
合格率	10％程度

 ## こんな人におすすめ

税担当・財政担当・商工業担当

 ## 資格の概要とメリット

　適切な納税や税金の申告をサポートする税務に関するスペシャリストとしての国家資格です。8月に年1回の試験が行われます。

　施策の予算は、基本的には税が財源となります。その税についてより深く知っておくことは重要です。公務員にとって、ともすれば欠如しがちになるコスト意識が身につきます。

　また、官公署における実務経験によっては、税理士法第八条で試験科目の免除も規定されているので、チェックするとよいでしょう。

取材協力：奥山雅之さん

取得当時：20代／都道府県職員（主事）／勤続6年

専門知識を深めることで
公務員の将来の選択肢が広がる

"

取得しようと考えたきっかけ

大学生時代から、税について極めたいとの思いがあり、公認会計士や税理士の資格の勉強をし、大学時代に会計2科目に合格しました。

自治体の産業・商工業部門で、中小企業の相談に応じる業務に就いたとき、会計や税務の専門知識が求められていると感じました。そこで、残りの税法3科目の勉強に着手し、4年間掛かって3科目を取得しました。

そのときは、仕事帰りに週3回、専門学校に通うとともに、家族の協力を得ながら、1月から7月までの土日の多くを勉強に充てていました。

取得にかかった時間や試験対策の工夫

税理士試験は、大きく会計科目（2科目合格が必要）と税法科目（3科目合格が必要）があります。

会計科目は計算のスピードが求められます。残しておくとモチベーションが下がる傾向がありますので、早めの取得をお勧めします。

税法は、勉強する分量の多い法人税法または所得税法どちらか1科目は必修となりますので、これらの科目につ

いては、働きながら取得するには少し長い年数をかける覚悟が必要かもしれません（私は3年目でやっと合格しました）。

他の税法科目は、学習範囲もそれほど広くないので、1年で合格水準まで知識を高めることが十分可能です。自分の業務との関連性や適性（計算が得意か暗記が得意かなど）によって選択しても良いです。税務部門に配属の方であれば、自分が担当する税目であれば独学で受験にチャレンジすることも可能です。ただし、将来、税理士として独立を強く考えているのであれば、独立後に仕事が比較的多い相続税法を受験しておくとよいでしょう。

取得後の変化

取得後、税務・会計の専門的な知識をベースに中小企業の実態を客観的に分析することができ、適切に支援できるようになりました。また地方債発行部門では、金融機関との金利の交渉などをより的確に行うことが可能となりました。

その後、専門である産業・商工業部門に再び戻り、管理職として数年間勤務したのち、地域産業・中小企業の専門家として大学教員に転身しました。

公務員であっても、専門知識を深めることで将来の選択肢について、いろいろな可能性が出てきます。

過去問にチャレンジ！

個人住民税における住宅借入金等特別税額控除制度に関する次の(1)〜(3)について、簡潔に述べなさい。ただし、東日本大震災の被災者に係る特例、新型コロナウイルス感染症の影響に対応するための特例及び所得税における住宅借入金等特別控除制度については、説明する必要はない。

(1)　制度の導入の背景

（以降は割愛）

> 解答例：「厳しい経済状況を踏まえ、住宅投資を活性化し、景気浮揚の突
> 破口にしようという狙いから、所得税における最大控除可能額
> を過去最大規模に引き上げ、中低所得者層の方への実効的な負
> 担軽減となるようにするものです。」（総務省ホームページ参考に作成）

（国税庁ホームページ　令和4年度「住民税　試験問題」問1（1）より）

資格の詳細

https://www.nta.go.jp/taxes/zeirishi/zeirishishiken/zeirishi.htm

"向務員"の仕事スタイルを形作った資格への挑戦

　本書執筆のために敢行した多くの取材を通して、資格取得は人に輝きを与えてくれることを改めて実感しました。オンラインでの取材でしたが、協力していただいた方々からは一様に、仕事や日常に潤いがあり、パワーあふれる様子を画面越しにひしひしと感じました。

　かくいう私も、資格取得に取り組み始めてからは、仕事に面白みが出て、考えながら前向きに取り組むことができるようになりました。常に前を向き、向上心を持って取り組む"向務員"という私の仕事スタイルの端緒は資格への挑戦にあると思います。

　この本により、資格取得を通して挑戦する"向務員"仲間が少しでも増えることを期待しています。

　私の働く「挑戦可能性都市」加賀市では、スマートシティの推進に取り組んでおり、特に人への投資に注力しています。そこで、市職員を含む市内全産業のリスキリングを推進し、全国の自治体で初めて「リスキリング宣言」をしました。

　リスキリングとは「新たな業務に対して必要となる知識やスキルを身につけること」であり、国もリスキリング支援に今後5年間で1兆円を投じる方針を示しています。現在は、主にDX化の中で民間企業に対するリスキリングが重要視されていますが、異動が多い公務員こそこのリスキリングが必要なのです。

　この本を片手に、資格取得によるリスキリングに挑戦して

いきましょう。

　最後に、この本の出版にあたり最初から最後まで伴走して
くださった学芸出版社の松本優真さん、松本さんをご紹介く
ださった時事通信社の日高広樹さん、公務員の魅力を教えて
くださった宮元陸加賀市長、上司、同僚、後輩のみなさん、
インタビューにご協力いただいた全国の公務員のみなさん、
その方々をご紹介いただいた早稲田大学マニフェスト研究所
（マニ研）の青木佑一さん、原稿確認等にご協力いただいた
各資格検定事務局の方々、私のメンターの２人である小金井
市の堤直規さん・伊勢崎市の橋本隆さん。私がこの本を出版
できたのも皆さまのおかげです。

　そしてこの世で一番大切な家族。何不自由なくここまで育
ててくれた両親、元気をくれる妹、困ったときに力を貸して
くれる妻のご両親、生まれてきてくれた３人のこどもたち、
そして私をいつも応援しサポートしてくれる最愛の妻に、心
から感謝します。

2023 年 1 月吉日

庄田秀人

※この本で発生する印税は全額、加賀市の発展と幸せのために使わせていただきます。

著者略歴

庄田秀人（ショウダ・ヒデト）

加賀市役所職員。1978年生まれ。横浜国立大学を卒業後、加賀市役所に入庁。人事担当課、障がい担当課、DX推進担当課などを歴任し現在に至る。人事担当課ではメンタルヘルス予防体制構築、新規採用職員指導制度策定、障がい者専用部署立ち上げ。障がい担当課では虐待対応体制構築。DX推進担当課では全国初となる市内生活圏全域を高精度3Dマップ化、ARを活用した観光プロジェクトを推進。資格取得を通して人生の幅を広げ、公務員の仕事の楽しさを知ってほしいと考えている。取得資格は、社会保険労務士、2級FP技能士、法学検定スタンダード、年金アドバイザー3級、加賀ふるさと検定上級、第一種衛生管理者など。2021年より加賀市内資格取得活用アドバイザー講師。2022年修士号を取得。

公務員なら挑戦したい資格ガイドブック
やりたいことから探す50のスキル

2023年2月10日　第1版第1刷発行

著　　者……庄田秀人

発 行 者……井口夏実

発 行 所……株式会社 学芸出版社
　　　　　　京都市下京区木津屋橋通西洞院東入
　　　　　　電話 075-343-0811　〒600-8216
　　　　　　http://www.gakugei-pub.jp/
　　　　　　info@gakugei-pub.jp

編集担当……松本優真

装　　丁……テンテツキ　金子英夫
印　　刷……イチダ写真製版
製　　本……新生製本

© 庄田秀人　2023　　　　　　　　　　　　Printed in Japan
ISBN 978-4-7615-1380-1

JCOPY〈(社)出版者著作権管理機構委託出版物〉
　本書の無断複写（電子化を含む）は著作権法上での例外を除き禁じられています。複写される場合は、そのつど事前に、(社)出版者著作権管理機構（電話 03-5244-5088、FAX 03-5244-5089、e-mail: info@jcopy.or.jp）の許諾を得てください。
　また本書を代行業者等の第三者に依頼してスキャンやデジタル化することは、たとえ個人や家庭内での利用でも著作権法違反です。

好評発売中

飛び出す！公務員　時代を切り拓く 98 人の実践

椎川 忍・前神有里・井上貴至 ほか編著

四六判・272 頁・本体 1800 円＋税

役所から飛び出し、地域活動や NPO に参加したり、民間や他の自治体、さらには独立する公務員が増えてきた。後押しする制度改革も進んでいる。そこで、とびっきりの飛び出し公務員 98 人に、自らの体験を元にその楽しさ、得られたものを率直に書いて頂いた。これから飛び出そうとする人達を勇気づけ、道しるべとなる本。

みんなが幸せになるための公務員の働き方

嶋田暁文 著

四六判・204 頁・本体 1700 円＋税

人のために何かしたい、地域を良くしていきたい…、そんな思いの実現に向け、働き方をどう変えていけばよいのか？　いい仕事とは何か、求められる働き方や能力、意識改革と発想転換、政策実現の手法や対住民関係の構築など、具体的なエピソードを交えることで共感を呼び覚まし、現状打破から行動へと向かうヒントを示した。

まちづくりの仕事ガイドブック　まちの未来をつくる 63 の働き方

饗庭 伸・山崎 亮・小泉瑛一 編著

四六判・208 頁・本体 1900 円＋税

まちづくりに関わりたい人、本気で仕事にしたい人必見！デザイナー、デベロッパー、コンサル、公務員まで 44 職種を 5 分野「コミュニティと起こすプロジェクト」「設計・デザイン」「土地・建物のビジネス」「調査・計画」「制度と支援のしくみづくり」の実践者が紹介。14 人の起業体験談からは進化する仕事の今が見えてくる。

まちづくりの統計学　政策づくりのためのデータの見方・使い方

宇都宮浄人・多田 実 編著

A5 判・200 頁・本体 2500 円＋税

地域政策にますますエビデンスが求められるなか、もはや統計の基本を知らずしてまちづくりを語ることはできない。本書は政策立案のための問いの立て方、統計情報の見方、分析の仕方から、まちの総合的な診断方法、政策テーマ別の考え方までやさしく解説。地域の姿を正しく読み取り、根拠に基づく政策をつくるための手引き。

SDGs ×自治体　実践ガイドブック　現場で活かせる知識と手法

高木 超 著

A5 判・184 頁・本体 2200 円＋税

持続可能な開発目標（SDGs）達成に向けた取り組みが盛んだ。本書では、自治体が地球規模の目標を地域に引きつけて活用する方法を、[1] SDGs の基本理解 [2] 課題の可視化と目標設定 [3] 既存事業の整理と点検 [4] 政策の評価と共有の 4STEP で解説。先進地域の最新事情や、現場で使えるゲーム・ワークショップ等のノウハウも紹介。

建築・都市・デザインの今がわかる。

学芸出版社の
ウェブメディア

まち座

国内外ニュース
イベント情報
書籍試し読み
レクチャー動画
ブックガイド
連載・寄稿